パート3は、最近の入試問題の中から、皆さんの力を伸ばすためにふさわしい問題を厳選しました。パート3の問題にチャレンジする際は、**「パート1で学んだルールを使って読む」「パート2で学んだ設問パターンごとの手順にしたがって解く」**ことを意識しましょう。

文章の重要部分が発見できなかった、設問の答えが違っていた…など**「できなかった・間違えた」ところには、皆さんの力を伸ばすカギが隠されています。**「ここまではできていたけど、ここでつまずいたんだな」といった具合に分析をすることで、自分の弱点が発見できます。

もちろん、読み取れた文章、答えの合っていた設問も軽視してはいけません。すべての文章や設問について、丁寧に読みや解きのプロセスを確認し、必要に応じてパート1・パート2に戻ってチェックするという作業を繰り返しましょう。すると、その中で、読み・解きの両面において**「他の文章や設問でも使うことのできる『正しいアタマの使い方』」**がしっかりと身につきます。

パート3を数回にわたって繰り返し解きおわったとき、皆さんの実力は自分でも驚くほど伸びているはずです。そうなったら、志望校の過去問（あるいは、それに近い学校の過去問）にチャレンジしましょう。その際にも、常にこの本を手もとに置いて必要に応じて内容を再チェックしてください。

この本は、皆さんを合格というゴールへ導く最善の「道しるべ」です。

さあ、合格への道のりを歩きはじめましょう！

CONTENTS

国語常識（知識事項）対策には、同シリーズ『看護・医療系の国語常識』（石関直子著）もおすすめ！

看護医療系
短大・専門学校の入試傾向と学習対策（現代文）

■入試傾向

短大・専門学校を問わず、看護医療系の入試には以下のような特徴があります。

①論理的文章（評論や、それに近い随筆）の出題が多く、文学的文章（小説や、やわらかい内容の随筆）の出題は少なめである
②大学の入試と比べると、国語常識（知識事項）の比重が高めである
③学校によって出題のされ方の差が大きい

●①について

進学後には専門分野の内容を学ぶわけですが、その際に用いる教科書は大学・短大でも専門学校でも変わらず、中身は論理的に説明する文章ですから、それが理解できなければなりま

せん。また、授業のレポートや実習記録などでは、筋道立てて説明することが重要になります。これらに必要な力が受験生の皆さんに備わっているかどうかを判断するために、必然的に論理的文章の出題が多くなるわけです。

●②について

学生を教える、いわゆる「オジサン・オバサン」の世代からすると、若者である皆さんの「国語力の低下」は気になるところのようです。文章を読んで答える設問の他に、広く国語力全般を問うような設問が多いことの背景には、①で触れたことに加え、そのような事情もあるのでしょう。

●③について

文章の内容が毎年必ず医療や生命に関わるものであったり、設問に必ず長めの記述問題があったり、あるいは文学史が毎年必ず出題されたり…と、学校によって出題のパターンの独自性が強いことも看護医療系の特徴といえます。これは志望校を絞ったうえで学習していくには好都合ですが、複数の学校を併願する場合は逆に厄介になることもあります。

■学習対策

前でまとめた入試傾向をふまえると、志望校合格のためには

Step 1 ← Step 2 ← Step 3

Step 1 志望校の過去問を分析し「何が・どのように」問われるかをチェックする

Step 2 自分の実力を分析し、志望校で必要とされる力の中で自分に不足している部分（＝向上させるべき部分）はどこかを把握する

Step 3 Step 2で把握した部分に関して、ムダのない効率的な学習によって実力向上をはかる

という手順をふむ必要があることがわかります。

文章の読み・設問の解きに関しては、この本をしっかり理解したうえで過去問に取り組むことが、ムダを省く最善の策となります。

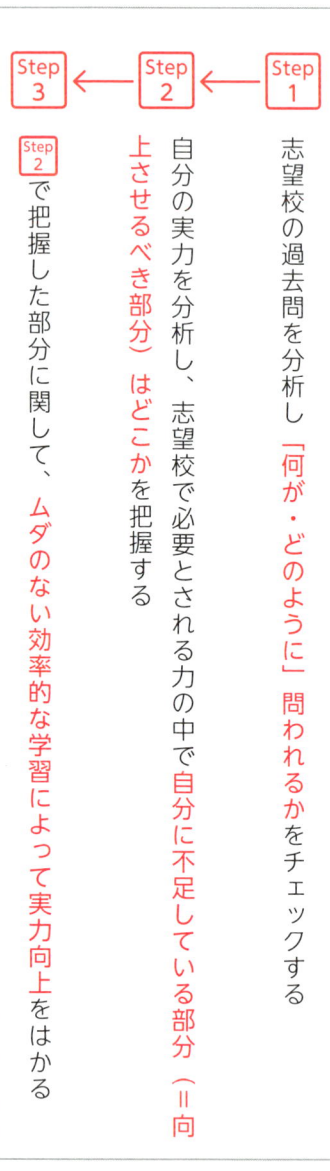

国語常識（知識事項）については、巻末の「補遺」というところに、より細分化した分野ごとの対策をまとめてありますので、そこに目を通してください。そのうえで、この本と同じシリーズに『看護・医療系の国語常識』というものがありますので、それを利用するとよいでしょう。

現代文一科目だけで受験する…ということは（すなわち、それが可能な学校は）ほとんどありません。受験は「総合力」で勝負するものです。したがって、他教科とのバランスも十分に考慮しながら、現代文は**「必要最低限の学習で、最大限の効果を得る」**ことができるよう、効率的・合理的な学習の計画を立てましょう！

PART

1

読解技法編

この本を手にとって、ここを読んでいる皆さんは、今まさに、看護医療系の受験現代文学習のスタート地点に立っているわけです。

では、皆さんの目指すゴール地点とは？　もちろん「志望校合格！」ですよね。

間違った勉強法でゴールにたどり着けなかったり、効率の悪い勉強法で遠回りしてしまったり…ということにならないために、この本と、そして著者の僕が存在します。

看護医療系の受験指導のプロとして、合格というゴールへと、効率的に皆さんをナビゲートします。一緒にがんばりましょう！

▼「読まずに解く」「設問部分の近くしか見ない」は絶対ダメですよ！

いきなりですが、皆さんに質問です。次の表現に見覚えはあるでしょうか？

> 次の文章を読んで、後の問いに答えなさい。

小学生のときの「国語」のテストからずっと、文章題の最初にはこういった表現が必ずあったはずです。「見覚えないんだけど…」という方は、さすがにいませんよね（笑）。

実はココに、現代文学習のスタート地点で確認しておかなければいけない、超重要な内容があるのです。それは、

> 現代文の読解問題では、まず文章を読み、その後で設問を解くことが指示されている

という点です。数学の「次の方程式を解け」であっても、物理の「有効数字二桁で答えよ」であっても、指示を無視して正解はありえませんよね。それなのに、現代文のテストになると、いきなり傍線や空欄といった設問部分に目を向けて、その近くをちょっと読んだらすぐに選択肢を選んで…となってしまう人が、意外と多いのです。もしかすると「今までそういう解き方だった」という人もいるのでは？

▼問題文を「読む」ときに気をつけることは？

読まずに解くのはダメだということはわかっても、一文一文を丁寧にわかるまで読んで、指示語や接続語はマルで囲って、キーワードは片っ端からチェックして…とやっていたら、試験時間がいくらあっても足りませんよね。

では、どんなことを意識しながら読んだらよいのでしょうか？ ポイントをまとめておきます。

文章読解の大原則

×
・文章の構造や内容の「すべて」を「完璧に」理解しようとする
・わからない部分は何度も読み直す

○
・文章全体を「広く」「大づかみに」とらえる
・（そのうえで）設問と関係する部分は必要に応じて詳細に分析する

受験生である皆さんは、文章を読んでいてわからない部分があると、「自分の理解力が足りないんだ」と自分を責めたり、「まずい、わからないからもう一回読み直さなきゃ」となったり、はては「私のアタマが悪いのは親の遺伝だ」と責任をなすりつけてみたり（笑）、いろいろなパターンがあるようです。

現代文の問題文は、多くの場合、一冊の本の中から何ページかを切り取って作られます。ですから、一冊の本をすべて読めば「なるほど、こういうことか！」とわかることでも、われわれの目の前にある問題文だけだと「えっ、これってどういうこと？？？」となることは、ある意味あたり前なんです。ちょっとしたことかもしれませんが、こういう点に気づいていくことが、現代文への苦手意識をなくしていくうえでは、大きな力になりますよ。

▼文章の種類によって、読むときのアタマの使い方も変わってきます！

というわけで、次は文章全体を「広く」「大づかみに」とらえるためのアタマの使い方を確認しましょう。

皆さんも、テスト中に問題文と格闘（？）しているときは、ただ活字を目で追っているだけではないはずです。大事な部分、問題の答えに関係する部分を探そうとしながら読んでいますよね？

小説の問題文を読むときは「このときの登場人物○○の気持ちは？」と、心情の読み取りがメインになります。けれども、評論では「このときの筆者の気持ちは？」とは問われませんから、皆さんも（無意識のうちかもしれませんが）、読むうえでのポイントを変えながら読んでいるのではないでしょうか。

受験現代文では「評論」「随筆」「小説」の三ジャンルの文章が出題の中心となります。このうち「随筆」については「評論」と同じ読み方が使えるので、これから皆さんは、

・「評論&随筆」を読むときのアタマの使い方
・「小説」を読むときのアタマの使い方

について、それぞれポイントを確認していけばよいわけです。

では、それぞれの文章の種類について、ポイントの確認へと進んでいきましょう！

新しい文章を読みはじめるときには、アタマをリセットして、アタマの中に白紙のメモ用紙（のようなもの）を準備します。そして、文章の種類に応じた「読解のポイント」を意識して、その手順通りに作業する…というのが「受験現代文」で問題文を読むときの簡単な流れになります。

「ただ印刷された文字を目で追いかけているだけ」では、「得点をゲットするために問題文を読んだ」ことにはなりません。まずは、読むうえでの「方針・目標」をしっかりと理解していきましょう！

・Aの部分……一般論・常識・他者の説などが示される
・Bの部分……〈逆接〉によりAを否定・批判しながら、大事なことが示される

となっているので、譲歩構文を見かけたら、逆接の後ろをチェックすると、そこに大事なことが示されている可能性が高いということになります。

ただし、「たしかに・しかし」のペアがいつもすぐ近くにあるとは限りません。カップルにも「遠距離恋愛」という形があるように（笑）、譲歩構文の呼応も、やや離れたところにあるパターンもあるので、その際は相棒を見失わないよう気をつけましょう！

読解戦略6《譲歩構文》

「たしかに・もちろん・むろん・なるほど」があり、その後に〈逆接〉の語があったら、〈逆接〉より後の部分に注目！

譲歩構文では、離れた距離にあっても「カップル」は固い絆《きずな》で結ばれているわけです。恋愛の場合も「愛があれば距離なんか関係ない！」ってカップルはステキですよね。もっとも、僕は遠距離恋愛ってやつを経験したことはないわけですが…（笑）。

07

読解戦略「要約の接続語」

「おわり」の部分でこれらの表現を見かけたらラッキーです！

さあ、いよいよ読解戦略の紹介もこれがラストです。

皆さんは「終わり良ければすべて良し」という言葉を知っていますか？　辞書で調べると、

【終わり良ければすべて良し】
物事は結末さえ良ければ途中でミスなどがあっても全く問題にならないということ。

という意味が見つかります。それだけ物事の「おわり」というのは大事だということですよね。

（もちろん、この本では「おわり」だけでなく「途中」もしっかり充実させていきますよ！）

文章を読んでいく中で、次の言葉を見かけたら、使われている位置に注目してみましょう。

つまり　・　このように　・　要するに

これらは、接続語の中でも〈要約〉のはたらきをする言葉で、長々と説明してきたことをコンパクトに短くまとめて示すために用いられるものです。

ということで、「つまり・このように・要するに」があったら、その後ろをチェックすると、そこに大事なことが示されている可能性が高いということになります。

特に、「おわり」に用いられているものには要注目！　この場合、段落全体・文章全体の要点を示している可能性が高く、重要度もそのぶん高くなります。

読解戦略７《要約の接続語》

- 「つまり・このように・要するに」があったら、その後ろに注目！
- 段落や文章のおわりの方にある「つまり・このように・要するに」の後ろは特に重要！

さあ、これで、「評論・随筆」の文章中から大事な部分を見つけるための「読解戦略」の学習が終了しました。次は、もうひとつの文章のジャンル、「小説」について学んでいきましょう！

小説

▼見えない「ココロ」をどう読み解くかが小説攻略のカギ！

皆さんは、小学生の頃から国語の教科書で様々な作家の小説（小学校では「物語文」と呼んでいたかもしれません）を読み、テストでも様々な設問に答えてきましたよね。にもかかわらず、予備校講師として教壇に立っていると「小説で思ったほど得点できないんです…」という受講生からの「お悩み相談」、よくあるんです。

皆さんの中にも、同じような悩みを抱えている方、いませんか？

ここでいったん、すべての文章のジャンルに共通する、現代文の文章読解・解答導出の超！重要原則を確認しておきましょう。それは、

> 文章中に書かれている情報以外は信じてはいけない！
>
> ＝
>
> 文章中に文字で書かれている情報を整理・分析することで答えを導き出す！

ということです。これは、「ふつう〜だろう」（＝一般論・常識）とか、「自分だったらこのようなとき〜と考える」（＝主観・感情移入）などは、受験現代文では全く役に立たないという

ことでもあります。

堅苦しくて難しい内容の評論とは違って、小説は「物語」であるだけに、文章の構造や展開を意識しなくてもラクにどんどん読み進められる「感じがする」のですが、実はそこに大きなワナがあることに、まずは気をつけましょう！

では、小説において「文章中の情報を整理・分析する」ときは、何に注目すればよいのでしょうか？　その答えは、小学生のときから、テストや授業で聞かれ続けてきたこと…つまりは「人物の『気持ち』」なのです。

といっても、小説はプロの作家の書いた文学作品ですから、文章中に「○○は悲しいと思った」とストレートに書いてあったり、登場人物が「今、僕はすごく悲しいんだ」と喋っていたりするはずがありません。それじゃ、小学生の作文になっちゃいますからね（笑）。

というわけで、先ほど確認したこととあわせて考えると、受験現代文で小説を攻略するための最大のカギは、

文章中に文字で書かれている「気持ち」以外の情報を整理・分析することで、明確に文字で示されていない「人物の『気持ち』」を導き出す！

ということが見えてきました。では次に、そのためのコツを確認していきましょう！

▼心情に関係する設問を解くときの本文分析のポイントは？

ここまでは「気持ち」という表現を使ってきましたが、ここからは、より一般的な「心情」という表現を使わせてください。

小説で、人物の心情に関係する設問を解くときは、文章中に示された情報を、次のように分類・整理していきます。

事件 → 心情 → 行動

たとえば、ある人物が文章中で「泣く」という行動をとっていた場合、そのときの心情は…と問われたら、どう答えますか？　「泣いてるんだから悲しいに決まってるじゃん」と思ったアナタ、それこそが、先ほど触れた「ふつう～だろう」という、受験現代文のNGパターンなのです。

同じ「泣く」という行動でも、

① あこがれの学校の合格通知を受け取った→涙を流した
② かわいがっていた愛犬を病気で失った→涙を流した

では、そのときの心情は違うはずですよね。こういうとき、

①のケース

事件　あこがれの学校に合格
↓
心情　嬉《うれ》しい
↓
行動　涙を流した

②のケース

事件　愛犬の死
↓
心情　悲しい
↓
行動　涙を流した

のように、「事件→心情→行動」の流れで本文の情報を整理・分析し、事件と行動からサンドイッチするような感じで心情をつかんでいけば、冷静かつ客観的に心情を把握できたことになるわけです。

評論や随筆のときとは異なり、小説においては、この「事件→心情→行動」が、唯一の《読解原則》ですから、しっかりとアタマにたたき込んでおいてくださいね！

これで、「パート1・読解技法編」がおわりました。次は、設問のパターンごとのヒントの探し方・答えの導き方をまとめていく「パート2・設問解法編」へと進みましょう！「イトウの現代文」ワールドはまだまだ続きます。お楽しみに！

PART 2

設問解法編

解答やそのヒントを発見するための「7つの戦略《ストラテジー》」

01

設問パターン「接続語問題」

設問の指定をアタマの中で言い換えると解きやすくなります！

▼「穴埋め」と分類してはいけません！

文章中に[A]といったような空欄があり、設問で「[A]に入るものを選びなさい。」と問われると、皆さんはたいてい「穴埋め問題」と分類してしまいます。

しかし、「穴埋め」という分類のしかたが得点力をアップさせるうえでの大きなトラブルの元なのです。

同じように見える設問でも、「だから」や「しかし」といった接続語を補うものと、「具体的」「客観的」といった熟語、あるいは語句や文を補うものでは、文章中からのヒントの探し方も、解答を決めるためのアタマの使い方も、全く違うのです。

そこで、一般的に「穴埋め」と呼ばれる設問を、次のように区別しましょう。

文章中の空欄から問われる二つの設問パターン

《本文》

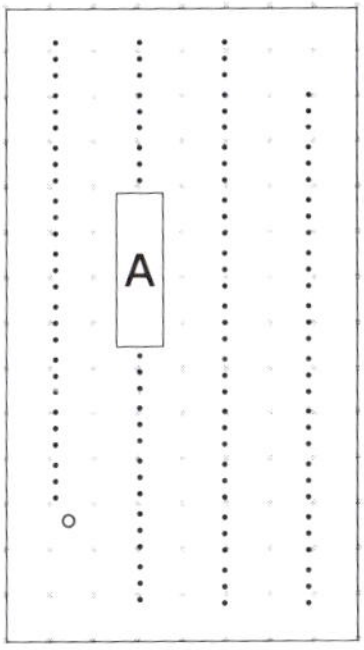

→《設問》

A に入るものを選びなさい。

- 「だから」「しかし」等の接続語を補うもの
  ＝**接続語問題**
- 接続語以外を補うもの
  ＝**空欄補充問題**

見た目は似ていても、
解き方・考え方は全く違います！

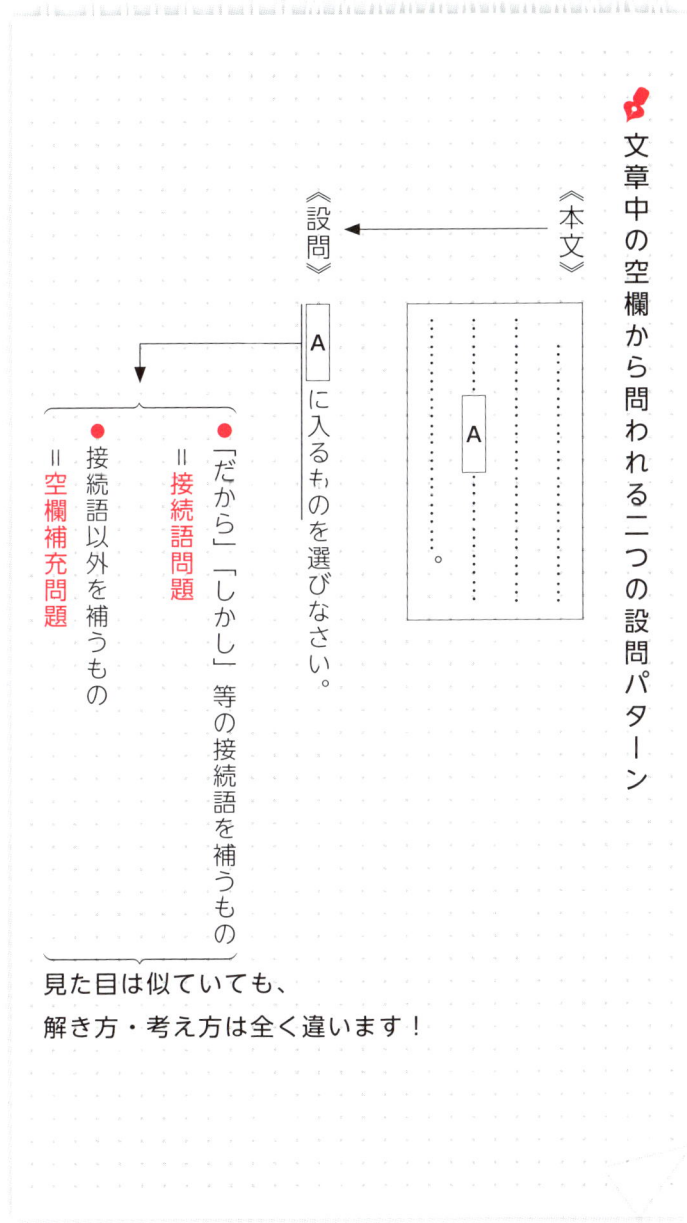

▼設問の問いかけを言い換えてみよう！

「だから」「しかし」といった言葉を、小学校の授業で初めて扱ったときには「つなぎことば」と呼んでいませんでしたか？　実はココに、接続語の問題をうまく・ラクに解くためのヒントがあります。

> 接続語　とは「前後をつなぐ言葉」である
>
> ということは
>
> ↓
>
> 接続語問題では**「前後のつながり方」**を考えればよい！

というわけです。そこで、接続語の問題を解くときは、設問の指定を皆さんのアタマの中で、次のように言い換えて考えましょう。

> 《実際の設問》　A に入る言葉を選びなさい。
>
> ↓
>
> 《アタマの中で言い換え》　A の前後はどのような「つながり方」になっているか？

するど、「前後が正反対の内容を述べているから『しかし』が正解だな」、「言い換えの関係だから『つまり』が入るな」といったように、「つながり方」に注目して正解が決められるようになります。

逆に、空欄にアの選択肢、イの選択肢…と順に入れてみて、いちばんよさそうなものを選ぶという解き方については、僕は予備校の教室では受講生に「絶対ダメ！」と強調しています。小学校時代から、同じパターンの問題はずっと問われ続けてきているのに正解率が安定しないというそこのアナタ、自分の解き方を変えていくと、見違えるほど解けるようになりますよ。

▼「常連さん」は大事にしよう！

ところで、皆さんが商売をするとしたら、どういうお客さんを大切にします？　やっぱり、次に来るのはいつになるかわからない「一見《いちげん》さん」ではなく、「常連さん」を大切にします…よね？　その方がお店の売り上げも多くなりそうだし（笑）。

お店の売り上げというのを、テストの得点と置き換えると、接続語も似ているところがあります。「つながり方」というと、皆さんの中には「えーっ、そんなの自分じゃ考えられないよ」と不安になる人もいるかもしれませんが、安心してください。受験では、よく問われる、代表的な接続語のグループについて、その「つながり方」を理解していればOKなのです。

ということで、代表的な接続語のグループについて、よく出題される（＝重要度の高い）順に、簡単に整理してみましょう。

よく出題される接続語

ランクA★★★＝何が何でも覚えよう！

★★★ **だから・したがって・すると・ゆえに** 《順接》
∨原因 ⬇ 結果の関係
∨前に書いてある内容から考えると、後の内容が順当に導かれる

★★★ **しかし・ところが・だが・けれども・でも** 《逆接》
∨前後が逆（正反対）
∨前の内容を否定する内容が後に続く

★★★ **つまり・すなわち・要するに・いわば** 《要約・詳説・換言》
∨同じ内容を、別の表現で言い表す
∨前後をイコールの関係でつなぐ

★★★
そして・また・さらに・しかも・そのうえ・および　《並立・累加》
＞いくつかのことがらを並べて挙げる
＞前の内容に、後の内容を付け加える

★★★
あるいは・または・それとも・もしくは　《対比・選択》
＞前後に述べられていることがらを比較する
＞前後で比較されていることがらのうち、どちらかを選択する

ランクB★★★＝意外と差が付く！

★★★
さて・ところで・では　《転換》
＞ある内容から別の内容へと、話題を変化させる

★★★
むしろ　《強調》
＞前後を比較し、後者に重点があることを示す

★★★
たしかに・もちろん・むろん　《譲歩》
＞わざわざ論ずるまでもないような（＝明らかな・取るに足らない）内容が後に続く

ランクC★☆☆＝できれば覚えてほしいが、覚えなくても心配なし！

★☆☆ **なぜなら**《理由説明》
＞前に書いてあることがらについて、後で理由を説明する

★☆☆ **たとえば**《例示》
＞前に書いてあることがらについて、後で例を挙げる

★☆☆ **ただし・もっとも**《補足説明》
＞前に書いてあることがらについて、補足・例外・条件となる内容を後で述べる

★マークが多いほど、重要度の高い「常連さん」ということになります。重要度の高いものは、その用法（はたらき）を、しっかりと覚えておきましょう。

では、接続語問題の解法をまとめて、短めの例文で確認してみましょう！

設問パターン1《接続語問題》解法の戦略《ストラテジー》

Step 1 選択肢にある接続語について、どのような「つながり方」を表すのかをチェック！

Step 2 空欄前後の内容に注目し、その「つながり方」を分析して解答を決定！

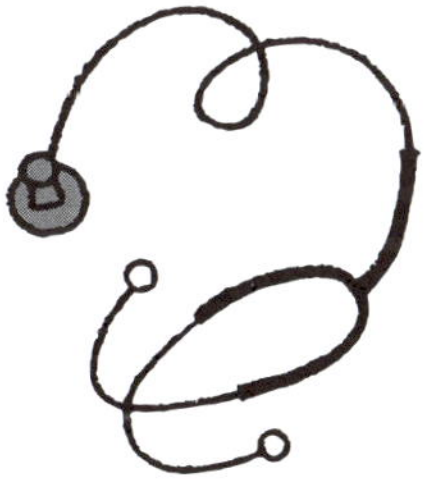

問　□を補うのに最も適切なものを選び、記号で答えよ。

昨夜からの雨は、今朝になっても止まなかった。□、予定されていた試合は中止になった。

㋐ところが
㋑したがって
㋒つまり

Step 1　選択肢にある接続語について、どのような「つながり方」を表すのかをチェック！

選択肢には三つの言葉がありますので、それぞれがどのような「つながり方」を表すのかを簡単にまとめておきます。

▼答えを決めるためには「語彙《ごい》力」も重要です！

実際の入試問題では、選択肢に「○○的」といったやや難しめの熟語や、カタカナ語などが並んでいることもあります。せっかく「ここが解答のベースだ！」と見つけることができても、「選択肢に並んでいる言葉がわからない…（涙）」というのは、悔しい&悲しいことですよね。

また、ある部分と別の部分が「イコール関係」だと気づくためには、できるだけ多くの言葉を知っていた方が有利ですよね。

ということで、日頃の現代文学習の中で意味のわからない（あるいは、意味をあやふやに理解している）言葉に出会ったときに、面倒くさがらずに辞書などでチェックする習慣をつけてください。文章を読む・設問を解くという部分は、ルールやテクニックで大きく差がつくのですが、語彙力（単語力）については地道に努力するしかないので、これは僕から皆さんへの「お願い」…ということで。

▼「接続語」「空欄補充」が混在する出題もあります！

最後にもうひとつ。実際の入試問題では、「けっして」「まるで」などの言葉を選択肢で見かけることもあります。これらは、ひらがな数文字で成り立っているため接続語のように見えます。けれども、これらは前後をつなぐ接続語ではなく、後にかかる修飾語としてはたらく、文法的には「副詞」と分類される言葉です。

このような言葉については「前後のつながりはどうなっているか…」と考えても答えにたどり着くことはできません。かといって「文章中でイコール関係の部分は…」という解き方もできません。この場合は、空欄を含む文のかかり受けと、語句の意味をあわせて解答を決定するようにしましょう。

時として、同じ設問の中で、接続語と空欄補充がミックスされて出題されることもありますから、そういうときに混乱しないためにも、接続語問題のところでチェックした、接続語の「常連さん」をしっかりアタマの中で分類・整理しておきましょう！

03

設問パターン「指示語問題」

たかが「こそあど言葉」、されど「こそあど言葉」です！

▼「指示語は前を見る…？」、ちょっと待った！

接続語を「つなぎ言葉」と呼んでいたように、小学校の低学年の授業では指示語のことを「こそあど言葉」と呼んでいませんでしたか？　そして、「こそあど言葉は、前のことがらを指す」ということも同時に教わってきましたよね。

専門学校や短大、大学受験でもその原則は変わりません。中には「友人からこんな話を聞いた。先日彼が旅行に行った際～」などと後ろを指す「予告の指示語」と言われる例外もありますが、**原則的に指示語は、すでに述べた（＝前に書いてある）内容について、繰り返しを避けるために用いられる**ものです。

では、短い例文で確認してみましょう。次の文で傍線をつけた「それ」の内容を考えてみてください。

テーブルの上に水の注がれたコップが置いてある。それ

「えっ?」と思った皆さん、ごめんなさい(笑)。これでは探せるわけはありませんよね。

でも、多くの皆さんが指示語の問題を解く際には、こういう視点になってしまっているのです。

では、次のようになったらどうでしょうか?

①テーブルの上に水の注がれたコップが置いてある。それを私は一息に飲み干した。
②テーブルの上に水の注がれたコップが置いてある。それを猫が落として割った。

→ **指す内容を探すためのヒント**

こうなれば、「そうか、①は『私が飲み干したもの』、②は『猫が落として割ったもの』を、ここより前から探せばいいのだな」とわかりますよね。つまり、指す内容そのものは指示語より前だとしても、指す内容を探すためのヒントは指示語の後にあるということです。

▼指す内容を決定するときのコツは？

次に、①の例文を使いながら、指す内容の決定のしかたを確認しましょう。ポイントは、指示語の部分に代入して（あてはめて）文意の通るものを探すという点です。

テーブルの上に水の注がれたコップが置いてある。それを私は一息に飲み干した。

指示語に代入

・「テーブル」を飲み干した→×
・「上」を飲み干した→×
・「水」を飲み干した→○
・「コップ」を飲み干した→×

言うまでもなく、テーブルやコップを飲むことはできませんから（笑）、この場合であれば指示語の指すものは「水」となります。同様に、②の例文であれば「コップ」が指すものです。

①も②も、「それ」の前の内容は全く同じなのに、指示語の後に続く内容によって指す内容が違うことが確認できましたか？　そういうわけで、いきなり前を見ず、まず指示語の後に続く内容をチェックすることが重要なのです。

今回は簡単な例文を使っているので指示語に代入するだけでしたが、時には「こと・もの・

とき」など、必要な語を補ったうえで代入する場合もあります。「うまく代入できないな…」というときには、そういった工夫ができないかどうかも考えてみましょう！

指す内容をより長い字数でとらえる場合のコツについては、②の例文を使って確認していきましょう。

テーブルの上に水の注がれたコップが置いてある。それを猫が落として割った。

（最も短く）「コップ」
（少し長く）「水の注がれたコップ」
} 文中の表現そのまま（抜き出し・書き抜き）

「テーブルの上 の コップ」
●つなぐ表現を自分で考える

（より長く）「テーブルの上に ある 水の注がれたコップ」
●文中とは語順を入れ替える

字数の差はありますが、最後に「コップ」という語が置かれているのはすべてに共通しています。ということは、指す内容を長い字数でとらえる場合でも、まずは最も短いまとめ方を考えることが大切なのです。そのうえで必要に応じて、つなぐ表現を自分で考える・文中とは語順を入れ替えるなどの工夫をしつつ、言葉や表現を「上に乗っける」ようなイメージで長い字数にしていけばよいわけですね。

設問パターン3《指示語問題》解法の戦略《ストラテジー》

Step 1 いきなり前を見ない！
＝指示語の後に続く内容からヒントをゲット！

Step 2 すぐ前→やや前（→それでもダメなら後ろ）の順で、
指示語の部分に代入して文意の通る部分を探す！

設問部分の中や近くに指示語がある場合、それによって解答やヒントがラクに発見できることもあります。「こそあど言葉」だからといって、いい加減に扱ってはダメですよ！

04

設問パターン「内容説明問題」

現代文で最も多く問われる設問のパターンです！

▼文中の傍線部から問われる設問パターンはひとつではありません！

その年初回の予備校の授業で、「現代文の文章内容に関する設問パターンって、どんなのが思い浮かぶ？」と尋ねると、たいていは「穴埋め（空欄）の問題」「傍線の問題」という答えが返ってきます。（もちろん、別の視点で「マーク」「記述」という答えもよくあります。）

「穴埋め」という分類のしかたはやめよう…ということは、「接続語問題」「空欄補充問題」のところで確認したとおりですが、実は、文中に傍線部が作られ、そこから問われる設問も、解き方・考え方の大きく異なる二種類のパターンが存在します。まずは、それについて確認しておきましょう。

文章中の傍線部から問われる二つの設問パターン

《本文》

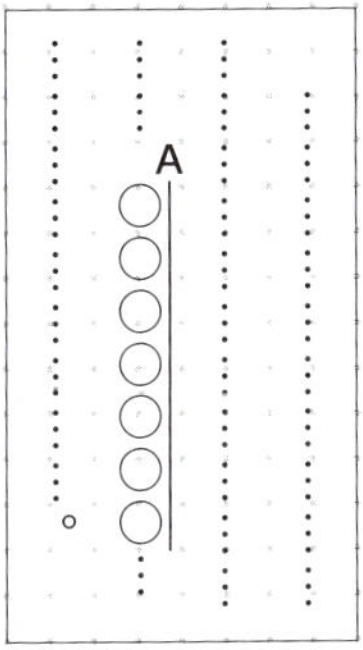

《設問》

● 問いかけ方が「なぜ」「どうして」「理由」となっている
＝理由説明問題

● 問いかけ方がそれ以外の形である
（どういうことか、どういう意味か　などが多い）
＝内容説明問題

見た目は似ていても、
解き方・考え方は大きく違います！

今まで皆さんは現代文の問題を解くとき、これら二つが違うということを意識していましたか？　もしかして、次のような「ＮＧパターン」の解き方になっていませんでしたか？

- 選択肢（マーク）型のとき
　……選択肢と文章内容を見比べて「書いていないものが×」「書いてあるものが○」
- 記述型のとき
　……とりあえず大事そうなところをまとめて書いてみる

どちらも、「やってはダメ！」な解き方の代表パターンです！

こういう「言われないと気づかない」ちょっとしたところに、成績アップの重要なポイントが隠れているものなんです。（いわゆる「盲点」ってやつですね。）

▼傍線部がやや長めのときに差がつきやすい！

ではいよいよ、設問を処理する手順の確認へと入っていきましょう。

内容説明問題における「答え探しの旅に出る前の準備」は、傍線部の中から言い換え・説明が必要な部分を絞り込むという作業になります。傍線部の中から「ここが解答決定のポイント！」と言える言葉や表現をピックアップする、と言ってもよいでしょう。

そのときに基準となるのは、次の四つです。

	変換	
●指示語	→	指す内容
●キーワード	→	他の表現・詳細な説明に
●抽象的・難解な表現	↔	具体的・平易な表現
●たとえ（比喩《ひゆ》）の表現	→	たとえを用いない表現

三つめだけ矢印が↔となっているのは、どちらの方向の変換も可能性があるということで、それ以外は、上から下への変換を考えればよい、ということです。

特に、傍線部が長い場合は気をつけるようにしてください。というのも、**傍線部が短い場合は、言い換え・説明が必要な部分はひとつであることがほとんど**であるのに対し、**傍線部が長い場合は、複数のポイントが存在する可能性が高い**からです。

準備がおわったら、次のステップは…ここでもまた「イコール関係」の登場です。言い換え・説明が必要な部分のそれぞれについて、「イコール関係」になる内容を見つけていく・考えていくわけです。ただし、内容説明問題においては、

- 傍線部と文章中の他の部分の間に成り立っている「イコール関係」を『見つける』
- 自分でふさわしい語句や表現を考えて「イコール関係」を『つくり出す』

という、二つのパターンがありますので気をつけましょう。

たとえば、

……生まれたばかりの赤ん坊はとても可愛い。A その肌は、まるでシルクのようだ。……

とあった場合には、

傍線部	方針	解答
〈指示語〉A その肌は、	指す内容を明らかにする 〔文章中から見つけるイコール関係〕	生まれたばかりの赤ん坊の肌は、
〈たとえ〉まるでシルクのようだ	たとえを用いない表現にする 〔自分でつくり出すイコール関係〕	すべすべした感触であるということ。

のようなプロセスで、本文をチェックしたり自分でふさわしい表現を考えたりしながら、傍線部の表す意味、つまり解答を決定していくことになります。

その際に選択肢型と記述型では、

●選択肢型の問題……自分のアタマの中につくり上げた「解答」の内容と一致する（近い）選択肢を正解として選ぶ

●記述型の問題………自分のアタマの中につくり上げた「解答」の内容を、設問の指定（字数・文末表現など）に合わせてまとめる

と、「最後の仕上げ」にちょっとした差がありますが、解答を考えていく流れは基本的に共通です。ですから、**基礎固めの段階では、選択肢と記述…と分けずに、設問パターン（○○問題…という分類）ごとの解答の導き方をしっかり理解&定着**させていきましょう！

では最後に、解き方の流れをまとめておきましょう！

設問パターン4《内容説明問題》解法の戦略《ストラテジー》

Step 1 傍線部の中から「言い換え・説明が必要な部分」を絞り込む！
＝指示語／キーワード／抽象的・難解な表現／比喩表現に注目！

Step 2 Step 1で絞り込んだ部分ごとに、「イコール関係」を見つけるorつくり出す！

05 設問パターン「理由説明問題」

「内容説明」とごちゃ混ぜにしないよう注意!

▼雨が降ったので猫が空を飛んだ…?

突拍子もない見出しからはじまって誠に恐縮ですが(笑)、この文を見て「論理的におかしいだろ!」と感じた皆さんは…正常な感覚を持っていますから安心してください。

さてここでは、文章中の傍線部から問われるもうひとつのパターン、理由説明問題について考えていきましょう。

理由説明問題とは、問いかけ方がどのようになっている設問のことだったか、ちゃんと覚えていますか? そう、「なぜ」「どうして」「理由」という問いかけ方のものでしたよね。

では、文章中のどのような関係をもとに、理由説明の問題が作られるのでしょうか? 接続語問題のところでも挙げた、わかりやすくシンプルな例文で考えてみましょう。

たとえば文章中に、次のような内容が示されているケースです。

原因・理由　雨が降る
　　因果関係 →
結果・結論　試合が中止になる

この場合、問題の問いかけは、

問　傍線部Ａ「試合が中止になった」とあるが、それはなぜか。

のような形になり、当然ながら正解は「雨が降ったから」となりますよね。

理由説明問題とは、このような文章中の因果関係をもとに作られる設問なのです。そして、正解を求めるために皆さんは、傍線部と因果関係で結ばれる内容を見つけていくという作業をすればよいわけです。

といっても、受験現代文ですから、「はっきり目立つ形」で「傍線部のすぐ近く」に因果関係が示されているとは考えにくいですよね。そこで、他の受験生に差をつけるためには、

● 「はっきり目立つ形」でない因果関係をどう見つけるか
● 「傍線部のすぐ近く」でない因果関係をどう見つけるか

という二つの目線がカギになりそうです。そのあたりも確認しつつ、設問を解くための流れを確認していきましょう！

▼まずは「目立たないもの」に気をつけながら近くをチェック！

理由説明問題では、まず、傍線部の近くに「因果関係のサイン」になる表現がないかどうかを探す、という作業からはじめていきます。

目立つ（＝気づきやすい）因果関係の代表は、「だから」「したがって」「なぜなら」といった接続語によって結ばれるパターンです。これらの語は文の先頭に用いられていることが多いため、読んでいく中で自然と目に飛び込んでくる可能性が高いものといえるでしょう。

一方、目立たない（＝気づきにくい）語によって因果関係が示されている場合もあります。たとえば、ひらがな一文字の語であっても、

・このまま雨が降りつづけば、試合は中止だ。
・掃除をサボったのがわかると、先生に叱られる。
・伊藤先生の参考書のおかげで、現代文の成績が上がった。

などは因果関係を形成していますよね。

多くの皆さんは、現代文の問題を解くときに、こういった語に気をつける という解き方など、したことはなかったのでは？　けれども、今まで自分がしていなかったこと＝今でもライバルはできていないこと、と考えると、それをできるようになれば大きなチャンスです。

ということで、理由説明問題を解く経験を積み重ねつつ、こういった目立たない・気づきにくい「因果関係のサイン」をアタマの中に蓄積し、見落とすことのないようにしていきましょう！

▼「答え探しの旅」は、目的地を決めてから！

傍線部の近くから、目立つものでも目立たないものでも、とにかく「因果関係のサイン」を探すことができれば、「『なぜなら』があるから、この後の内容に注目だ」とか「『ば』があるから、その前に示されていることがポイントだ」といった形で解答が決定できます。

では、近くに見つからないときは？　他の設問パターンと同様、離れた部分に目を向けて、解答やそれにつながるヒントを探していくことになります。その際は（言葉で言い表すとやや複雑になってしまって申し訳ないのですが…）、傍線部と「イコール関係」になる部分に目を移し、その近くで「因果関係のサイン」を探すという作業をすることになります。

もちろん、このときも目立たない・気づきにくい「因果関係のサイン」を見落とさないよう注意することはお忘れなく！

設問パターン5《理由説明問題》解法の戦略《ストラテジー》

Step 1　傍線部の近くから「因果関係のサイン」を見つける！

Step 2　近くで発見できないときは、傍線部と「イコール関係」になる部分に目を移し、その近くで「因果関係のサイン」を見つける！

※因果関係のサインは、特に「目立たない・気づきにくいもの」に注意！

▼小説の理由説明は「事件→心情→行動」の流れに注目！

小説の理由説明問題においても、因果関係に注目するという大原則は変わりません。では、小説における因果関係とはどのようにチェックすればいいのでしょうか？

パート1「読解技法編」の中で、小説の本文中に示された情報の分類・整理は、

事件 → 心情 → 行動

の構造で…とまとめましたよね（覚えていますか？）。小説の理由説明問題でも、注目するのはやはりこの構造です。というのも、「事件→心情→行動」は、単に分類・整理の順序を表すだけでなく、因果関係でもあるのです。

これも、パート1で使った例文で確認してみましょう。

あこがれの学校の合格通知を受け取った↓涙を流した

というストーリーの流れが文章中にあるとき、それを「だから」「したがって」等を使って因果関係でまとめなおしてみると、

事件　　　　　　　心情　　　　　　　行動
合格できた↓（だから）↓嬉《うれ》しい↓（だから）泣く

のように、きちんと因果関係でつながっていることが確認できます。

右の例で「嬉しいのは『なぜ』か？」と問われたら「合格できたから」、「涙を流した『理由』は？」と問われたら、「（合格できて）嬉しかったから」という具合に答えればよいわけです。

ということは…小説の理由説明問題では、「事件↓心情↓行動」の構造に注目し、矢印を逆にさかのぼるようなイメージで考えていけばよい、ということになります。

ちなみに、評論や随筆でも、筆者の体験談の中に傍線が引かれて理由が問われたときに、小

説明的に解くことが必要なケースがあります。これはちょっと応用的な話なので、今すぐに気づいて使いこなせるようになれ…なんて言うつもりはないのですが、そういうケースもあるということはアタマの片隅にでも置いておいてください。

さあ、これで内容説明・理由説明という「傍線に関する問題」の解法の確認がおわりました。残す設問パターンはあと二つ。がんばって先へと進んでいきましょう!

06 設問パターン「脱落文問題・整序問題」

「迷子」の「親」を探してあげましょう！

▼「迷子ちゃん」からどう手がかりを引き出すか、それが最重要！

さて次は、「脱落文問題」を中心に、それと似たところの多い「整序問題」も同時に攻略してしまいましょう。

まず、二つの設問の違いを簡単に確認しておきます。学校によって言い回しは異なりますが、

- 脱落文問題
  「次の文を本文中に戻す場合、最も適切なところは？」
- 整序問題
  「次の文（段落）を正しい順番に並べ替えるとどうなるか？」

と問われる設問であると考えればOKです。ちなみに、実際の入試問題では、整序問題よりも脱落文問題の方が圧倒的に多く出題されます。そういう意味でも、まずは「脱落文問題」の解法

をしっかりマスターしてください！

僕は予備校の授業で「脱落文というのは、本文という『親』からはぐれてしまった『迷子』だ」というたとえをよく使います。

皆さん、子どもの頃に「迷子」になった経験って、ありますか？　僕の母いわく、僕は三歳のときに上野動物園で迷子になったことがあるそうです。その頃は、日本にパンダがやってきてすぐの頃で…あっ、話がズレました（笑）。

デパートやテーマパークなどで迷子がいると、「迷子センター」みたいなところで保護してから放送などを使って親を探すわけです。が、その際、メタボリックな父親を縮小コピーしたような、親子でペアルックの三歳児…などはまずいるはずがないですよね。あるいは、DNA鑑定により親子の証明を…というのも、少なくとも迷子の場合は（笑）ありえません。そこで、親とはぐれて不安で泣いている迷子ちゃんのために、何とかして親元に戻すための手がかりを得なくてはならないわけです。

脱落文問題の場合も同じです。脱落文という「迷子」から、「親元」すなわち本文と結びつくためのヒントをゲットしていくというのが、最初の作業となります。

▼カギは「指・接・キ」の三つ！

そのときに注目するのが、脱落文の中にある「指示語」「接続語」「キーワード」の三点です。

といっても、これらが何でもかんでもヒントになるわけではなくて、

● 指示語
- 脱落文の中に指している内容がある → ×
- 脱落文の中に指している内容がない（＝脱落文の外を指す） → ○

● 接続語
- 脱落文の中どうしをつなぐ → ×
- 脱落文の外と中をつなぐ（＝脱落文の先頭にある） → ○

● キーワード
- 文章全体にわたって使われている語句や表現 → ×
- 文章の中の特定の部分だけで使われている語句や表現 → ○

といったように、脱落文の外を指す「指示語」、脱落文の先頭にある「接続語」、文中の特定

の部分だけに出てくる「キーワード」が、迷子と親元を結びつけるヒントというわけです。いつでも必ず、三つのすべてが脱落文中にあるわけではありませんから、その点にはご注意を。

ということで、皆さんの目の前にいる「迷子ちゃん」から十分なヒントをゲットするという準備作業が完了したら、あとは親を見つけるための作業に入っていくことになります。

▼いろいろな技を使えます、いや、使わなくてはなりません！

「指示語」「接続語」「キーワード」に注目して脱落文と本文のつながり（＝脱落文を戻すべき場所）をチェックしていく際には、それぞれ、

	《脱落文》		《本文》	《注目する点》
● 指示語	指示語	——→	指す内容	指示語の「指す内容」
● 接続語	脱落文の内容	…接…	本文の内容	接続語による「つながり方」
● キーワード	キーワード	＝	同じ語句や表現 キーワードの言い換え	繰り返しや言い換えによる「イコール関係」

という点に注目していけばよいわけです。

指示語の指す内容の見つけ方、接続語の用法、キーワードの「イコール関係」…と見てきて気づきますか？　脱落文問題では、今までチェックしてきた読み・解きの「戦略」を、多面的に活用することが求められているのです。

だからこそ、この本の中でも脱落文問題は後の方で紹介しているわけで…素晴らしい工夫ですね（…って、誰もほめてくれないので、自分でほめておきます、笑）。

▼脱落文じゃなくて整序問題のときは？

最後に、脱落文問題と整序問題の違いを確認しましょう。

脱落文問題のときは「脱落文と本文の『つながり』」に注目すればよかったわけですが、整序問題のときは、「整序部分相互の『つながり』」、「整序部分とその前後の『つながり』」に注目します。たとえば、整序部分のある文の中に指示語が含まれていた場合、「この指示語は他の整序部分を指しているのか、それとも、整序部分よりも前を指しているのか？」と、両方の可能性を考えながらチェックしていけばよいわけです。

では最後に、解き方の流れをまとめておきましょう！

設問パターン6《脱落文問題・整序問題》解法の戦略《ストラテジー》

Step 1　指示語・接続語・キーワードをチェック！

Step 2　Step 1 で注目した部分をもとに、つながりをチェック！

脱落文問題の場合 → ・脱落文と本文のつながり

整序問題の場合 → ・整序部分どうしのつながり
・整序部分と、その前後（整序が必要ない部分）とのつながり

07 設問パターン「内容一致・論旨判定問題」

「本文に書いてあるかどうか」だけで決まるとは限りません！

▼「大ボス」は最後に待ち構える！

皆さん、ゲームとかやりますか？　僕は、小学生のときに某メーカーの国民的ゲーム機が発売されたというオッサン世代（？）なので、小中学生時代はいろいろなゲームに熱中したものです。…あっ、昔の話をしている場合ではありませんね（笑）。

一般的に、ＲＰＧでも格闘系のゲームでも、はじめの方に出てくるのは弱くて倒しやすいキャラで（「ザコキャラ」なんて呼び方もあるようですが）、最後に出てくるのが最も強い・攻略しにくいキャラ（こちらは「大ボス」「ラスボス」なんて呼ばれるようですね）になりますよね。

実は、現代文の入試問題でも似たようなところがあります。どちらかというと、設問の配列では前の方に置かれる空欄や傍線に関する設問は比較的攻略しやすく、最後の設問が、受験生の皆さんからすると攻略が難しい…ように見えるのです。

現代文の入試問題で、最後に問われることが多いのは、

次のア〜オの中から、本文で述べられている内容と一致するものを選べ。

のような、**文章の全体に関わる設問**です。言い換えれば、文中に空欄や傍線といった、特定の設問箇所を持たないもの、と言ってもよいでしょう。

こういった設問が、今まで見てきた設問のパターンと大きく異なるのは、

・空欄や傍線の「ある」設問
設問部分（の近く）からヒントをゲット ──▶ **必要に応じて他の部分に目を向ける**

・空欄や傍線の「ない」設問
具体的な設問部分が本文中にない！
＝
ヒントがゲットできない ──▶ **どこに目を向ける？？？**
どう考える？？？

といった具合に、正解に到るプロセスが見えにくいという点です。

ただ、それはあくまで「一般的な受験生」に関する話。この本を手に「イトウの現代文」ワールドにどっぷりと浸かりつつある皆さんは、心配する必要はありません！

ここでちょっと、**問題を作る側の立場**で考えてみましょう。たとえば文章中に空欄を設けて接続語の問題を作るときは「この部分の前後関係を理解できているか」、傍線を設けて内容説明の問題を作るときは「この難しめの部分がどういう意味内容かを理解できているか」といったように、それぞれの問題には、問題作成者の「作問の意図」といったものが必ずあるのです。

では皆さんは、「本文の内容と一致するものを選べ」という問題で、問題作成者の作問の意図はどこにあると思いますか？　内容的に重要ではない、どうでもいいような（＝少し難しめの言葉で言うなら「些末《さまつ》な」）ことを基準に解答が決まるような問題は作られないはずです。やはり「文章中の重要な部分をおさえつつ、全体をきちんと理解できているかどうか」がポイントになりそうですよね。

ということは…？　実は、パート1「読解技法編」で扱った、「読解戦略」を利用しながら読み進む中で発見できた内容をもとにすれば、全体の理解に関する問題もラクに攻略可能なのです。実際に解くときの流れとしては、

選択肢の話題・内容（＝この選択肢は「何がどうだ」と述べているか）を確認する
↓
同じ話題・内容を述べている本文中の箇所と照らし合わせて○×を判定する
（読みながら「読解戦略」をあてはめて見つけた部分を中心に、
選択肢と本文の「イコール関係」が成り立つかどうかをチェック！）

という作業を行えばよい、というわけです。傍線に関する問題（内容説明・理由説明）のときとは違って、文章の全体に関する設問では、本文と選択肢を照らし合わせて判断することが中心になる、という点をしっかりおさえておきましょう！

▼注意を要するのはこのパターン！

本文と選択肢を照らし合わせる…というと、皆さんの中には「本文に書いてあれば○なんでしょ」と考えてしまう人もいるかもしれません。けれども、それはちょっと早計《そうけい》（＝早とちり、間違い）です。

というのも、文章の全体に関する設問の中には、次のような問いかけ方のものもあるからです。

次のア～オの中から、**本文の論旨として最も適切なもの**を選び、記号で答えよ。

「論旨」とは「筆者が最も伝えたいこと」という意味です。もしこのように問われたときは、単に文章中に書かれているか否かではなく、書かれている内容であり、なおかつ筆者の最も伝えたいことを表している選択肢を選ぶ必要があります。つまり、

《本文》　……多くの人は日本文化の特徴を○○○と考えている。しかし、私は○○○ではなく△△△にこそ日本文化の真の特徴があると考える……

《選択肢》「日本文化の特徴を○○○と考える人は多くいる。」

「本文に述べられている内容」としては↓○

だが

「筆者が最も伝えたいこと」としては↓×

のように、**同じ選択肢であっても「本文の内容と一致するもの」なのか「論旨として適切なもの」なのか、設問の問いかけ方によって○・×が異なった結果になる**ということです。

読解問題の最後で問われるのは「内容一致」なのか、それとも「論旨判定」なのか…。こういった「問い方の『クセ』」のようなものは、学校ごとに異なります。（逆に言えば、同じ学校の入試問題で年ごとに違うことはまずないということですね。）

それでは、もう一度解き方の流れを確認しておきましょう。

設問パターン7《内容一致・論旨判定問題》解法の戦略《ストラテジー》

Step 1 選択肢の話題・内容を確認！
（＝この選択肢は「何がどうだ」と言っているのか？）

Step 2 読みながら「読解戦略」で見つけた部分を中心に、選択肢と同じ話題・内容を述べている本文中の箇所に注目し、選択肢と本文を照らし合わせて○×をチェック！
※「論旨判定」では「筆者の最も伝えたいこと」を選ぶことに注意！

さて、これでパート2「設問解法編」は終了です。次のパート3「実践編」では、実際の入試問題が登場します。「イトウの現代文」と皆さんの実力のコラボレーションで、入試問題をガンガン攻略していきましょう！

PART
3

実践編

読み・解きのテクニックを確認し終えたら、いよいよ実際に出題された入試問題にチャレンジです！

それに先だって、これから皆さんが、志望校の問題も含めて、実際の入試問題に対峙《たいじ》する（＝向き合う）うえで大事なポイントをまとめておくことにします。

入試において必要なのは「満点」ではなく「合格点」である！
←
「いつものやり方・パターン」で処理できる設問を見きわめ、そこに力を集中させる！

これは言い換えると、次のようにまとめることもできます。

・文章の「読み」では……パート1「読解技法編」でチェックした「読解戦略」を使いながら重要な情報をゲットする
・文章の「解き」では……パート2「設問解法編」でチェックした「設問パターン別・解法戦略」をあてはめたときに解答の根拠やヒントが見えてくる設問をしっかり処理する

というわけで、実践編では、**「イトウの現代文」ワールド**にどっぷり浸かりつつある皆さんが、本番に向けてさらに得点力を向上させることができるよう、ここまでチェックしてきた読み・解きの戦略を確認することはもちろん、ここまでの部分では登場していない、新たな「テクニック」にも触れていきたいと思います。

では、演習問題に入っていきましょう！

評論 問題 1

次の文章を読んで、後の各問に答えよ。

観光とは近代の現象であり、近代大衆の出現と切り離せません。「楽しみを目的とした空間の移動」である観光は、労働から解放された時間としての「余暇」とか「レジャー」の観念が出てきてはじめて成り立つわけですが、その「余暇」や「レジャー」の観念は労働義務が人びとを一定時間拘束する産業社会にあってはじめて生まれてきます。だから一九世紀ヨーロッパに産業社会が成立し、こんにちの大衆の前身である労働者たちが出現し、労働からの休息の時間を手にしたときにはじめて観光というアイデア、観光というしくみ、観光という現象が確立したと言えるでしょう。

観光は個人の行動のようにも見えますが、そのように理解するのはあまり適切ではないでしょう。こんにちの大衆の観光体験は、あきらかにひとつのしくみに依存し、そうしたしくみに乗って行なわれているのです。そしてそのしくみとは、観光産業のすべて（旅行代理店のほか、鉄道会社、船会社、バス会社、レンタカー業者、航空会社、ホテル・チェーン、モーテル、その他すべての観光関連企業）がつくりあげているしくみなのです（だから寝袋を持ち、自転車に乗ってアメリカ大陸を横断する若者の行動は、ここで言う観光ではありません）。大衆が体験する観光は、それをアレンジしてくれる観光業者なしには成り立たないのです。（1）観光とはむしろひとつのしくみであり、産業だと理解すべきでしょう。［A］に見れば、観光というものがはじまったのは、一八四〇年代にイギリスでトーマス・クックが、余暇をもてあましはじめた労働者たちを相手に、割引き鉄道切符による団体旅行を組織したときだったとされています。

鉄道、自動車、飛行機などの急速な技術的発達、ホテルや道路の充実とともに、そして大衆が時間的にも金銭的にもしだいにゆとりを持つようになるとともに、（2）観光は巨大な産業にふくれあがったばかりでなく、消費とならぶ近代生活のもっとも重要な側面のひとつとなりました。近代が「後期近代」「ポスト・モダン」と呼ばれる時代に入って、「働くこと」の意味がしだいにうしなわれ、人びとがむしろ「働くこと」以外の場面に自己実現や生きがいを探しはじめるにつれて、レジャーや観光は生活の最重要テーマとなってきたのです。余暇をいかにすごすかは、もはや明日の労働のためのエネルギーをリフレッシュするものであるというにはとどまらず、それ自身が自己実現の場であり、生きがいとなりました。いまでは多くの人びとにとって、とくに若者たちにとって［X］にすぎません。

こうして観光はこんにち大衆すべてにとってくりかえし味わうありふれた体験となりました。そのように日常茶飯的にわれわれを浸す観光体験は、われわれの姿に一定の変形をもたらさずにはおかないでしょう。最大の変形はわれわれの「まなざし」におこりました。

それは、われわれが「現実」と呼ぶ外的世界の認識のしかたにおける変容と言ってもいいでしょう。では(3)観光がわれわれに与えたまなざしの変容とはどのようなものだったのでしょうか。

まなざしの変容はもっぱら B な「奥行きの喪失」、または「(注1)パノラマ化」という形でおこりました。最初にそれをもたらしたのは鉄道でした(ヴォルフガング・シヴェルブシュ『鉄道旅行の歴史』)。スピードをあげて走ってゆく汽車の窓からの風景は、しだいに線路のすぐそばで流れさる前景を抹消してゆき、一定の距離を置いた遠景のパノラマだけで構成されるようになります。汽車に乗っている観光客にとって、汽車の外の現実世界は、奥行きを持たない平面となり、流れさる(注2)タブローにすぎなくなります。それは、それまでの現実感覚とはあきらかに異なった感覚です。それは新しい「観光のまなざし」の誕生だった、と言えるでしょう。

列車の速度に加えて、窓にはまっているガラスが、眺められている風景と眺めている自分とを別の世界に隔ててしまいます。窓から眺めた風景のなかに点在している人間は、タブローのなかの存在であって、もはやこの汽車に乗っている自分とは同じ空間には属していないかのように乗客は感じるでしょう。窓の外は自分の属さない別の世界であり、眺めの対象にすぎない、と。列車から降りても、このまなざしは観光客に定着したままとなりました。

近代以前、旅人は旅する先々でいつも自分の立っている空間の一部となることができました。けれども近代の観光客は、じっさいに空間を移動しながらも、行った先の空間からいつも自分自身を切り離しているのであり、自分の抜けおちた、奥行きのないパノラマ的世界を対象として眺めているにすぎないということになります。これが、近代観光によってわれわれ大衆が与えられた「観光のまなざし」であり、「パノラマのようにものを見る目」です。それは、それ以前の人びとのまなざしとはあきらかに異なっているという意味で、まなざしの変容にほかなりません。観光がきわめて C な日常体験となってしまった後期近代社会では、わたしたちは、 Y につきまとわれるようになったのです。

（出典 若田恭二《わかたきょうじ》『終末の予感』より）

（注1）パノラマ――都市や大自然・聖地などの眺望を屋内で見せる絵画的装置。（「広辞苑《えん》」）

（注2）タブロー――絵。特に、壁画に対して、板絵。（「広辞苑」）

問1 (1)観光とはむしろひとつのしくみであり とあるが、「観光」が「ひとつのしくみ」であることの説明として最も適切なものは、次のうちではどれか。

① 観光は好き勝手に行うものではなく、観光産業によって自分探しの場として巧妙に仕組まれたものだということ。

② 観光は単独で行う個人的なものではなく、旅行者が観光産業とそのつど交渉しながら行う共同的なものだということ。

③ 観光は上流階級の人々が行うものではなく、労働者たちが余暇をすごすための手段の一つとして行うものだということ。

④　観光は稀《まれ》にしか行わない非日常的なものではなく、経済的に余裕ができた大衆がくりかえし行う日常的なものだということ。

⑤　観光は個人的な行動として行うものではなく、観光産業があらかじめ設定した枠組みのなかで行うものだということ。

問2　空欄 A ～ C に当てはまる言葉の組み合わせとして最も適切なものは、次のうちのどれか。

①　A　歴史的　　B　普遍的　　C　空間的

②　A　歴史的　　B　空間的　　C　普遍的

③　A　空間的　　B　普遍的　　C　歴史的

④　A　空間的　　B　歴史的　　C　普遍的

⑤　A　普遍的　　B　歴史的　　C　空間的

問3　(2)観光は巨大な産業にふくれあがったばかりでなく、消費とならぶ近代生活のもっとも重要な側面のひとつとなりましたとあるが、これは観光がどういうものからどういうものになったことを言っているのか。その説明として最も適切なものは、次のうちではどれか。

①　非日常的な貴重な体験から、くりかえし味わうことができる日常的なありふれた体験になった。

② 余暇をすごすためのものから、働くことの意味や生きがいを探るためのものになった。
③ 働く活力をとりもどすためのものから、それ自身が自己実現の場であるものになった。
④ 労働から解放されてできた暇をつぶすための手段から、日常を活性化するための手段になった。
⑤ 自分で自主的に行うものから、観光産業が設定したスケジュール通りに行うものになった。

問4 空欄 X に当てはまる言葉として最も適切なものは、次のうちのどれか。
① 労働は自己実現を妨げるもの
② 労働はレジャー資金をかせぐ手段
③ 労働は余暇と同程度の価値しかないもの
④ 労働は他者の自己実現を助けるための行為
⑤ 労働は観光とは無関係な行為

問5 (3)観光がわれわれに与えたまなざしの変容 とあるが、「まなざし」の「変容」についての説明として最も適切なものは、次のうちではどれか。

① 近代以前は自分と同じ空間に属するものとして風景を眺めていたのに、近代以降は自分が抜け落ちた奥行きのない平面として風景を眺めるようになった。

② 近代以前は前景から遠景に至る全体として風景を眺めていたのに、近代以降は一定の距離を置いた遠景だけに関心を持って風景を眺めるようになった。

③ 近代以前は現実感覚を持って風景を眺めていたのに、近代以降は列車の中にいる限りにおいて自分の属さない別世界として風景を眺めるようになった。

④ 近代以前は主客未分化の状態で風景を眺めていたのに、近代以降は主体と客体とが分離され主体である自分が客体として風景を眺めるようになった。

⑤ 近代以前は遠近法によって奥行きのある世界として風景を眺めていたのに、近代以降は奥行きのない平面的な世界として風景を眺めるようになった。

問6 空欄 Y に当てはまる言葉として最も適切なものは、次のうちのどれか。

① 日常生活とは切り離された旅先に身を置きながらもあたかも自分が日常生活の場にいるような感覚

② 観光産業によってつくられたイメージから逃れられず、新鮮な出会いから見放されたような感覚

③ はじめて訪れた旅先でありながらも自分が何度もその空間に立ったことがあるよう

な既視の感覚

④ 現実のなかに身を置きながらもなおかつ自分がそこにいないかのような不思議な感覚、非存在、非現実の感覚

⑤ 旅先の現実を非現実的な虚構と見なし、観光産業がつくりあげたイメージが現実であると感じる感覚

問7 この文章の内容に合致するものは、次のうちではどれか。

① 観光は近代以前から行われていたが、近代になって初めて大衆が行うものになった。

② 観光産業に頼らないで旅行する若者たちが出現し始めた現在、観光は変容しつつある。

③ 列車が新しくもたらした外界の認識の仕方は、列車を降りた人々をも規定している。

④ 列車の窓ガラスが人間と風景を隔てたことが、風景観を変化させた唯一の原因である。

⑤ 近代に観光がもたらしたまなざしは、後期近代になって変容を余儀無くされている。

（都立看護専門学校）

▼【テーマ】の確認

評論の場合、読解の三本柱は「テーマ・論理・主張」でしたよね。ということで、まずは、テーマの確認からいってみましょう。

テーマのとらえ方

・文章の書き出しにある名詞
・はじめの数段落で繰り返し使われている言葉
・文章のはじめの方に出てくる「問い」（なぜ～／どうして～／～か。　等）
に注目！

※解説中では、皆さんが確認しやすいように、段落の先頭に段落番号をつけています。

1 観光とは近代の現象であり、近代大衆の出現と切り離せません。「楽しみを目的とした空間の移動」である観光は、労働から解放された時間としての「余暇」とか「レジャー」の観念が出てきてはじめて成り立つわけですが、その「余暇」や「レジャー」の観念は労働義務が人びとを一定時間拘束する産業社会にあってはじめて生まれてきます。だから一九世紀ヨーロッパに産業社会が成立し、こんにちの大衆の前身である労働者たちが出現し、労働からの休息の時間を手にしたときにはじめて観光というアイデア、観光というしくみ、観光という現象が確立したと言えるでしょう。

2 観光は個人の行動のようにも見えますが、そのように理解するのはあまり適切ではないでしょう。こんにちの大衆の観光体験は、〜

本文の書き出し「観光とは」に注目すると、本文の書き出しにある名詞に注目してテーマをとらえるという点から、あるいは、次の段落の書き出しくらいまで読むと、はじめの数段落で繰り返し使われている言葉という点から、**「観光」がテーマであると**確認できます。

▼【論理】の確認

「観光」というテーマをとらえたら、次はテーマと関係する重要部分、「論理」を追いかけていきましょう。

論理のとらえ方

・テーマについて筆者が自分の考えを述べているところ
・テーマについて性質や特徴などをまとめて示しているところ

●「読解戦略」をあてはめて見えてきたところ

に注目！

もう一度、1段落に注目してみます。そうすると、

1 観光とは近代の現象であり、近代大衆の出現と切り離せません。観光は、労働から解放された時間～はじめて成り立つ一九世紀ヨーロッパに産業社会が成立し～大衆の前身である労働者たちが出現し、労働からの休息の時間を手にしたときにはじめて観光～が確立した

といったように、

読解戦略1《イコール関係》

何度も出てくる言葉や表現、形を変えて繰り返される内容を見つけたらチェック!

の、「形を変えて繰り返される内容」によって、重要な情報が発見できます。これによって皆さんは、**「どうやら最初の段落では、『観光』がいつ、どのように誕生したかを述べているんだな」**と確認ができればよいわけです。同様に2段落では「しくみ」という言葉が「何度も出てくる言葉や表現」になるので、「この段落は、観光はひとつの『しくみ』だ、と述べているな」と確認ができます。また、3段落は「観光は近代生活にとって重要なものとなった」という内容がつかめればOKです。

このように、読解戦略をあてはめて見えてきた内容を、わかりやすく言い換えたり短くまとめたりしながら、アタマの中に準備したメモ用紙にメモ書きしていく…というのが、本文を一回目に通読するときのイメージです。パート1の「文章読解の大原則」(→16ページ)のところでも確認したように、文章を読むというのは、「全体を広く大づかみにとらえ、設問と関係する部分は必要に応じて詳細に分析する」ものですから、細かい部分にとらわれすぎてアタマの中が混乱しないように気をつけてください！

さて、続く段落へと目を進めていきましょう。

4 〜われわれが「現実」と呼ぶ外的世界の認識のしかたにおける変容と言ってもいいでしょう。では(3)観光がわれわれに与えたまなざしの変容とはどのようなものだったのでしょうか。

4段落のおわりにさしかかったところで思い出してほしかったのは、読解戦略の中でも、

読解戦略4《疑問―答え》

● 「疑問―答え」の対応関係があったら「答え」の部分に注目！

● 「答え」のない疑問表現「ないか・まいか」は、間接的に筆者の主張を示すので、疑問の部分そのものに注目！

です。今回は「ないか・まいか」の形にはなっていないため、答えを導くタイプの疑問文だとわかれば、あとは「答え」にあたる部分を探すだけです。すると、5・6段落に、

> 5　まなざしの変容はもっぱら［　B　］な「奥行きの喪失」、または「(注1)パノラマ化」という形でおこりました。〜観光客にとって、汽車の外の現実世界は、奥行きを持たない平面となり、流れさる(注2)タブローにすぎなくなります。それは、それまでの現実感覚とはあきらかに異なった感覚です。それは新しい「観光のまなざし」の誕生〜
>
> 6　列車の速度に加えて、窓にはまっているガラスが、眺められている風景と眺めている自分とを別の世界に隔ててしまいます。窓から眺めた風景のなかに点在している人間は、タブローのなかの存在であって、もはやこの汽車に乗っている自分とは同じ空間には属していないかのように乗客は感じるでしょう。窓の外は自分の属さない別の世界であり、眺めの対象にすぎない、と。列車から降りても、このまなざしは観光客に定着したままとなりました。

といった表現があります。

ところで皆さん、109ページの囲みで　をつけた部分がどのような関係になっているか、気づきましたか？　これらはすべて「まなざしの変容」という同じひとつのことを、言葉や表現を変えながら「イコール関係」で繰り返しているのです。

つまり、これらの部分は、

- 「まなざしの変容」とはどのようなもの？ ↓ その答え……「疑問―答え」の関係
- 「まなざしの変容」について言い換えながら繰り返す……イコール関係

といった形で二つの読解戦略によって同時に照らし出されている部分になっているのです。

このように、ある箇所に複数の読解戦略が同時にあてはまるケースでは、そこに書かれていることはより重要度の高い内容である可能性が高いため、読みながらしっかりとアタマの中のメモ用紙に書きとめ、さらに設問の解答を考える際にも重点的にチェックするようにしていきましょう！

さあ、気がつけば、残すところあと一段落というところまでやってきました。文章がおわりに近づいてきたら、「論理」だけでなく、「主張」にも意識を向けつつ読み進んでいきましょう。

⑦ 近代以前、旅人は旅する先々でいつも自分の立っている空間の一部となることができました。けれども近代の観光客は、〜

接続語「けれども」をはさんで、前では「近代以前の旅人」、後では「近代の観光客」について述べています。そこで、

読解戦略2《対比関係》
二つのものを比べながら論じるパターンでは、「相違点」「共通点」を述べているところがあったらチェック！

を利用して、この段落の構成を確認してみると、こんな感じにまとめられます。

近代以前の旅人
自分の立っている空間の一部となれた

↕ 対比

近代の観光客
行った先の空間から自分を切り離す
＝
自分の抜けおちた、奥行きのないパノラマ的世界を眺めるだけ
＝
それ以前のまなざしとはあきらかに異なる
＝
まなざしの変容

対比の「主役」はどちらか…と聞かれたら？ 1段落、しかも本文の書き出しに「観光とは近代の現象～」とあるのですから、「近代の観光客」の方ですよね。

そして、その「近代の観光客」について7段落を読み進めていく中で「なーんだ、またさっきと同じこと言ってるじゃん！」と思えた皆さん、その通り！ **7段落は、対比関係を使ってはいるものの、結局のところ5・6段落で述べてきた「まなざしの変容」について、さらに言い換えながら述べている**だけだったのです。

▼【主張】の確認

ということで、本文を読み終えることができました。最後にチェックするのは…そう、「主張」です。

主張のとらえ方

・読みながらチェックした内容の中で、文章のおわりorはじめの方にある内容
・（複数ある場合は）その中でも最も中心的なことを述べているところ
に注目！

すでに見てきたように、5～7**段落において、「イコール関係」「対比関係」「『疑問』―答え』の関係」という三つの読解戦略の複合で見えてきた内容が明らかに重要度が高い**ことがわかります。つまり、この文章における筆者の主張は、短くまとめると、

> 近代になって誕生した観光は、風景に対する人びとのまなざしを大きく変容させた。

ということになります。

さあ、これで「本文を大づかみにとらえる」という作業が終了しました。念のため、ここまででチェックした内容を簡単にまとめ直しておきましょう。

【展開のまとめ】

テーマ＝「観光」について

1 観光は、労働者たちが労働から解放された時間に楽しむものとして、近代に誕生した。

2 観光はさまざまな業者によってつくりあげられている「しくみ」であり、産業である。

3 後期近代になると観光は生活の中で最重要になっていき、いまでは余暇のすごし方は人びとの生きがいとなった。

4 観光がありふれた体験になったことで、人びとのまなざしに変化がおこった。

5 6 鉄道で観光する乗客は、自分の目に映った風景を、奥行きの失われた絵画のようなものとしてとらえ、眺められている風景と眺めている自分を切り離されたものと感じるようになった。

7 近代以前とは全く異なるこれらの見方が、大衆が近代観光によって与えられたものである。 ＝主張

《読解戦略》のより効率的・効果的な使い方

ある箇所に、複数の読解戦略が同時にあてはまる場合、そこに書かれている情報はほかよりも重要度が高いので特に注意する！

▼設問の解答解説

さあ、それでは設問を見ていくことにしましょう。パート2「設問解法編」で学んだことを活用しながら、間違いなく解答にたどり着けるよう「アタマの使い方」をしっかりチェックしましょう！　**設問解法のステップがまだ十分にアタマに入っていない…という皆さんは、必要に応じて、パート2の部分に戻って確認**もしていきましょう！

【問1】

（1）観光とはむしろひとつのしくみでありとあるが、「観光」が「ひとつのしくみ」であることの説明として最も適切なものは、次のうちではどれか。

傍線部から作られる設問には「内容説明」と「理由説明」の二つがありました。問1は「なぜ・どうして・理由」という問いかけ方になっていないので、こういう設問パターンを**「内容説明問題」**と呼びました。

今回は、傍線部が短く、しかも設問が「観光が『しくみ』であるとは？」とわかりやすい問いかけになっていますので、傍線部から言い換え・説明が必要な部分を絞り込む必要はなく、**イコール関係を利用し、「しくみ」についての説明を探していくだけ**で解答が見えてきそうです。そこで傍線部のある段落に戻って確認すると、

> [2]
> ～その**しくみとは、観光産業のすべて**（旅行代理店のほか、鉄道会社、船会社、バス会社、レンタカー業者、航空会社、ホテル・チェーン、モーテル、その他すべての観光関連企業）**がつくりあげているしくみ**なのです（だから寝袋を持ち、自転車に乗ってアメリカ大陸を横断する若者の行動は、ここで言う観光ではありません）。大衆が体験する**観光は、それをアレンジしてくれる観光業者なしには成り立たない**のです。

と述べられています。ここを「イコール関係」で整理していくと、

観光
＝
観光産業によってつくられた「しくみ」
＝
観光業者なしには成り立たない

という内容が読み取れます。**ポイントは「観光業者・観光産業によってつくられたもの」という点**になりそうです。ここを確認したら、選択肢のチェックに入りましょう。

① 観光は好き勝手に行うものではなく、×観光産業によって自分探しの場として巧妙に仕組まれたものだということ。
② 観光は単独で行う個人的なものではなく、×旅行者が観光産業とそのつど交渉しながら行う共同的なものだということ。
③ 観光は上流階級の人々が行うものではなく、労働者たちが余暇をすごすための手段の一つとして行うものだということ。
④ 観光は稀《まれ》にしか行わない非日常的なものではなく、経済的に余裕ができた大衆がくりかえし行う日常的なものだということ。
⑤ 観光は個人的な行動として行うものではなく、○観光産業があらかじめ設定した枠組みのなかで行うものだということ。

観光産業に触れていない③と④は、細部までチェックすることなく、明らかな×として候補から外せます。残る①・②・⑤はすべて観光産業に触れていますが、①や②は「巧妙に仕組まれた」「そのつど交渉」という内容が本文からズレたものになっているため、**⑤が正解**と決定できます。

※選択肢にチェックを入れる際は、

・大ズレ・論外の選択肢……記号や番号の上に×
・選択肢中の×の部分　……不適切な部分に×――
・選択肢中の○の部分　……適切な部分に○〰〰

という表記で統一しますので、覚えておいてください。試験本番で、見直しの時間を節約するために、皆さんもこういった書き込みをする習慣をつけましょう！

【問2】

空欄 A ～ C に当てはまる言葉の組み合わせとして最も適切なものは、次のうちのどれか。

さて次は、空欄に関する設問です。問2は「だから・しかし」のような接続語を補うパターンではないので、こういう設問は…そう、「**空欄補充問題**」でしたよね。今回は、A～Cの空欄に入るものの組み合わせを選ぶというスタイルです。

まずは、空欄Aから見ていきましょう。

A に見れば、観光というものがはじまったのは、一八四〇年代にイギリスでトーマス・クックが、余暇をもてあましはじめた労働者たちを相手に、割引き鉄道切符による団体旅行を組織したときだったとされています。

パート2で確認したように、空欄補充問題の解法パターンは二つのステップから成り立っているのですが、今回は、空欄を含む部分の中にイコール関係が見つけられるので、本文の別の箇所をチェックしなくても正解が決定できる形になっています。というのも、

観光は一八四〇年代にイギリスではじまった
＝
A（な話）

と、**空欄Aを含む部分では、観光がいつ・どこで発生したかを述べているのです。**ここから、**Aには「歴史的」**が入ると決定できます。そして、この段階で**解答は①か②**まで絞られました。残すは**B**と**C**ですが、選択肢を見ると、

① A 歴史的 B 普遍的 C 空間的
② A 歴史的 B 空間的 C 普遍的

となっているので、「普遍的」「空間的」のどちらかを、それぞれの空欄に補えばよいことがわかります。ということで、**B・C**どちらでも構わないのですが、ここでは**B**に注目してみます。

5 まなざしの変容はもっぱら B な「奥行きの喪失」、または「パノラマ化」という形でおこりました。～汽車に乗っている観光客にとって、汽車の外の現実世界は、奥行きを持たない平面となり、流れさるタブローに～

この部分では、

汽車の外の世界が奥行きのない平面のように感じられる
＝
B な「奥行きの喪失」

というイコール関係が読み取れます。そして、**空欄Bを含む部分では、「奥行き」や「平面」といった内容が取り上げられている**ことから、Bには「空間的」が入ると決定できます。これで、Cまでチェックせずに**解答は②**と決定できます。

つまり、この設問では、**三つある空欄のうち二つを決定できれば、正解の選択肢を選べてしまう**のです。制限時間を意識して解くときにも有利になりますから、こういう発想や着眼点もだんだん身につけていきましょう！

「組み合わせ」タイプの設問で時間削減&短縮するためのコツ

わかりやすいもの・確実なものを先に決める！
（→そうすることで、すべてを見なくとも解答が決定できる可能性が高い！）

【問3】

(2) 観光は巨大な産業にふくれあがったばかりでなく、消費とならぶ近代生活のもっとも重要な側面のひとつとなりました とあるが、これは観光がどういうものからどういうものになったことを言っているのか。その説明として最も適切なものは、次のうちではどれか。

問3も、問1と同じ「内容説明問題」ですが、今回は傍線部がやや長くなっていますので、解答を決定する際にトラブルのないよう、しっかりポイントを絞り込んでから本文に戻るようにしましょう。

この問題では、傍線部と設問の両方がわれわれにヒントを与えてくれています。それぞれの構造を大づかみに整理してまとめてみると、

《傍線部》 観光は 〜 ばかりでなく〔＝だけでなく〕 …… となった

《設問》 観光が どういうもの（ポイントⒶ） から どういうもの（ポイントⒷ） になった

という具合に、二つのポイント（Ⓐ・Ⓑ）が存在することがわかります。

それをふまえて、傍線部を含む段落で、観光について同じような形で述べている部分を探していくと、

> レジャーや観光は生活の最重要テーマとなってきたのです。余暇をいかにすごすかは、もはや明日の労働のためのエネルギーをリフレッシュするものであるというにはとどまらず、それ自身が自己実現の場であり、生きがいとなりました。

という箇所があります。ここで使われている「～にはとどまらず」という表現は、傍線部の「ばかりでなく」や設問中の「から」と「イコール関係」になる表現ですよね。ということは、

		ポイントⒶ		ポイントⒷ	
《設問》	観光が	どういうもの	から	どういうもの	になった
		＝		＝	
《本文》	観光は	エネルギーをリフレッシュするもの	から	自己実現の場 生きがい	になった

という関係が成り立っていることがわかります。

ここまでチェックしてくると、正解の選択肢には「単なるリフレッシュから、自己実現という重要なものへ」という、「観光」の変化が述べられているはずだ…と気づけます。では、それをふまえて選択肢をチェックしていきましょう。

① 非日常的な×貴重な体験から、くりかえし味わうことができる日常的なありふれた体験になった。

② 余暇をすごすためのものから、×働くことの意味や生きがいを探るためのものになった。

③ 働く○活力をとりもどすためのものから、それ自身が○自己実現の場であるものになった。

④ 労働から解放されてできた暇をつぶすための手段から、×日常を活性化するための手段になった。

⑤ 自分で自主的に行うものから、観光産業が設定したスケジュール通りに行うものになった。

先に選択肢を見るという、ダメな解き方だと、①の後半「日常的なありふれた体験」、②の前半「余暇をすごす」などが「本文に書いてあるから○っぽいな…」と見えてしまう可能性があります。けれども、僕がこの本で再三述べているように、設問のパターンに応じた解き方をしっかりマスターし、まず本文中からポイントとなる部分を見つけるという解き方ができれば、ほぼ一発で**③が正解**と決定できるのではないでしょうか。このあたりも、本番に向けて「わたし、解くのがいつも遅くて…」と悩んでいる皆さんには、大きなポイントになりそうです。

【問4】

空欄 X に当てはまる言葉として最も適切なものは、次のうちのどれか。

① 労働は自己実現を妨げるもの
② 労働はレジャー資金をかせぐ手段
③ 労働は余暇と同程度の価値しかないもの
④ 労働は他者の自己実現を助けるための行為
⑤ 労働は観光とは無関係な行為

ふたたび「空欄補充問題」の登場です。この設問は、**すべての選択肢が「労働は」という言葉ではじまっています**。それを念頭に置きつつ、空欄を含む部分に目を向けてみると、いまでは多くの人びとにとって、とくに若者たちにとって［Ｘ］にすぎません。

とあることから、**「いま、労働がどういうものであるか」を述べた内容が空欄に入る**ことがわかります。

ここで、**空欄の前にある「いまでは」という表現に注目**してみましょう。もし、昔といまが同じ状態であるなら、「いま『でも』」としないと、意味的におかしくなってしまいますよね。ということは…？　そう、この部分では**昔といまが違う状態であると述べている**ことになります。

昔といまの二つを比べてその違いを述べているということは、この部分は、読解戦略２《対比関係》で整理できることになります。ちょっと見方を変えるだけで、「昔は〜で、いまは…になった」と変化や推移を述べている部分を、対比関係にまとめていくことができるのです。

ここで、パート２「設問解法編」において学んだ「空欄補充問題はイコール関係で結ばれる部分を重ね合わせるようなイメージで」という原則を、ちょっとだけ発展させてみましょう。

・イコール関係をヒントにするとき……「そのまま重ね合わせる」イメージ
・対比関係をヒントにするとき……「ひっくり返して重ね合わせる」イメージ

と考えると、「イコール関係」と同じように「対比関係」も解答決定のヒントとして利用できることになります。

ということで、空欄Xの部分と対比的に「昔」のことを述べている部分を探していくと、同じ段落の前の方に、

> 3 ～「後期近代」「ポスト・セダン」と呼ばれる時代に入って、～レジャーや観光は生活の最重要テーマとなってきたのです。余暇をいかにすごすかは、もはや明日の労働のためのエネルギーをリフレッシュするものであるというにはとどまらず、それ自身が自己実現の場であり、生きがいとなり～

とあります。ここを対比関係で整理してみると、

昔 ＝ 労働のために余暇・レジャーがある

↕ 対比

いま ＝ X

※「昔」の逆を考えれば解答が決まる！

といった形にまとめることができます。「労働のために余暇・レジャーがある」の逆は、「**余暇・レジャーのために労働がある**」という内容になるわけで…ここから、この設問も一発で②**が正解**と決定できます。

「イコール関係」が見つけられないときは？

「対比関係」になっている部分どうしは、「ひっくり返して重ね合わせる」ことで「イコール関係」の代わりに解答決定のヒントになる可能性大！

【問5】

(3) 観光がわれわれに与えたまなざしの変容 とあるが、「まなざし」の「変容」についての説明として最も適切なものは、次のうちではどれか。

傍線部に関して「なぜ・どうして・理由」以外の問いかけ方、ということで、問1でチェックしたのと同じ解法パターンで処理できる「内容説明問題」です。

しかも、**この設問で問われている「まなざしの変容」**は、先に本文の解説の中で**「論理の確認」としてチェックした内容そのもの**ですよね。つまり、問5は**読みが解きに直結する、非常に「オイシイ」設問**というわけです。

ということで、先ほどの本文の解説も思い出しつつ、選択肢を見ていきましょう。

○① 近代以前は○自分と同じ空間に属するものとして風景を眺めていたのに、近代以降は自分が抜け落ちた奥行きのない平面として風景を眺めるようになった。

② 近代以前は前景から遠景に至る全体として風景を眺めていたのに、近代以降は一定の距離を置いた×遠景だけに関心を持って風景を眺めるようになった。

③ 近代以前は現実感覚を持って風景を眺めていたのに、近代以降は×列車の中にいる限りにおいて自分の属さない別世界として風景を眺めるようになった。

×④ 近代以前は主客未分化の状態で風景を眺めていたのに、近代以降は主体と客体とが分離され主体である自分が客体として風景を眺めるようになった。

⑤ ×近代以前は遠近法によって奥行きのある世界として風景を眺めていたのに、近代以降は奥行きのない平面的な世界として風景を眺めるようになった。

正解は①と、すぐに判断できますね。

ただ、この設問をそれだけでおわってしまうのはもったいない（?）ので、選択肢のどこに注目すると○×の判別がしやすくなるか、そのポイントの話をしておきましょう。②の「だけ」、③の「限り」などは、ヒッカケ・間違いの選択肢によく見られるパターンなのです。

入試問題である以上、本文のどこにも書かれていない、明らかに本文と正反対…といった選択肢ばかりでは、ほぼ全員が正解できてしまい、全く差がつきませんよね。したがって、問題作成者の立場から考えると「きちんと読めている受験生は正解でき、読みが甘かったり浅かったりする受験生は間違える」という問題を作りたいわけです。

本文に合っているように見えて、実はそうではない…という選択肢を作るときによく用いられる表現のグループを、僕は予備校の授業では「極端な表現」「強すぎる表現」と呼んでいます。これらは、

極端な（強すぎる）表現の代表型

- 「オール」型……「すべて」「あらゆる」等（→英語のallに相当するもの）
- 「オンリー」型……「のみ」「だけ」「ばかり」「かぎり」等（→only 〃）
- 「最上級」型……「最も」「非常に」等（→最上級 〃）

といった具合に（英語の話を持ち出して恐縮ですが…）「オール・オンリー・最上級」とまとめておくと便利です。

これらの表現を選択肢中に見つけたら、その部分を優先して本文と照らし合わせてチェックしましょう。そうすると、選択肢の○×（特に×のもの）の判定がスピーディに&うまくいく可能性がグッと高まりますよ！

選択肢の表現のここに注目！

「極端な（強すぎる）表現」＝「オール・オンリー・最上級」が選択肢の中にあったら、そこを優先してチェック！

【問6】

空欄 Y に当てはまる言葉として最も適切なものは、次のうちのどれか。

またしても「空欄補充問題」です。問2や問4の解説をしっかり読んでくれた皆さんは「あの設問と同じように考えていけばいいんだな」と思っていることでしょう。

実は、**問5に引き続き問6も「まなざしの変容」に関係する設問**になっています（正直、予備校講師としての僕は、この問題の作問者に「何度も同じこと聞きすぎだろっ！」とツッコミを入れたいところです…笑）。ということで、この設問は簡潔にまとめておくことにします。空欄**Y**のある段落の冒頭部分に注目すると、

> 7 ～近代の観光客は、じっさいに空間を移動しながらも、行った先の空間からいつも自分自身を切り離しているのであり、自分の抜けおちた、奥行きのないパノラマ的世界を対象として眺めているにすぎない～

と述べられています。この部分を、空欄**Y**を含む部分と「イコール関係」で整理すれば、

> 近代の観光客　　　　　は　旅先の空間と自分を切り離して感じている
> ＝　　　　　　　　　　　　＝
> 後期近代社会では、わたしたち　は　Y

となります。すると、

④ ○現実のなかに身を置きながらもなおかつ○自分がそこにいないかのような不思議な感覚、非存在、非現実の感覚

→**「旅先の空間」の言い換え**　→**「空間と自分を切り離す」の言い換え**

という形で、**正解は④**と決定できます。

【問7】

この文章の内容に合致するものは、次のうちではどれか。

「文章の内容に合致」とあることから、この設問は**「内容一致問題」**であることがわかります。ここまで、文章の内容や他の設問をチェックしてきた中で、本文のポイントは十分に理解できていると思いますので、ここはどんどん選択肢を見ていきましょう。

① 観光は×近代以前から行われていたが、近代になって初めて大衆が行うものになった。

② ×観光産業に頼らないで旅行する若者たちが出現し始めた現在、観光は変容しつつある。

③ ○列車が新しくもたらした外界の認識の仕方は、○列車を降りた人々をも規定している。

④ 列車の窓ガラスが人間と風景を隔てたことが、風景観を変化させた×唯一の原因である。

⑤ 近代に観光がもたらした×まなざしは、後期近代になって変容を余儀無くされている。

問5で確認した「まなざしの変容」に関係する内容から（5・6段落の内容から）、**正解は**③と決定できますよね。

制限時間を意識して「急いで読む・解く」のではなく、「読解戦略」を使って本文の重要部分をしっかりチェックする、「設問パターン別・解法戦略」をあてはめていつも通りに解く、これらができれば、文章全体に関する問題でも解答を決定するための時間が短縮できることがおわかりいただけましたか？

ということで、実践編の1問目は以上で終了です！　この後の問題も同じように読み、解くことで、確実に得点力を向上させていきましょう！

【解答】
問1＝⑤　問2＝②　問3＝③　問4＝②　問5＝①　問6＝④　問7＝③

問題 2

次の文章を読んで、後の問に答えなさい。

家庭と学校という場所は、Aいのちのやりとりというこの大事なものを深く体験するためにあるはずだった。家庭や学校で体験されるべきとても大事なこと、それについてもう少し考えてみよう。

学校について友人と話したとき、彼がおもしろい問いをぶつけてきた。幼稚園じゃお歌とお遊戯ばかりだったのに、どうして学校に上がるとお歌とお遊戯が授業から外されるんだろうというのだ。

幼稚園では、いっしょに歌い、いっしょにお遊戯をするだけでなく、いっしょにおやつやお弁当も食べる。B他人の身体に起こっていることを生き生きと感じる練習だ。そういう作業がなぜ学校ではaケイシされるのか、不思議なかんじがする。ここで他者への想像力は、幸福の感情と深くむすびついている。

生きる理由がどうしても見当たらなくなったときに、Cじぶんが生きるにあたいする者であることをじぶんに納得させるのは、思いの外むずかしい。そのとき、死への恐れは働いても、生きるべきだという倫理は働かない。生きるということが楽しいものであることの経験、そういう人生への肯定が底にないと、死なないでいることをじぶんでは肯定できないものだ。お歌とお遊戯はその楽しさを体験するためにあったはずだ。永井均は著作のなかでこう書いている。「子供の教育において第一になすべきことは、道徳を教えることではなく、人生が楽しいということを、つまり自己の生が根源において肯定されるべきものであることを、体に覚え込ませてやることである」と(『これがニーチェだ』)。(　ア　)、幼児期に不幸な体験があったとして、それに代わるものを、Dそれに耐えられるだけの力を、学校はあたえうるのでなければその存在理由はない。だれかの子として認められなかった子どもに、その子を「だれか」として全的に肯定することで、存在理由をあたえうるのでなければ、Eその存在の意味がない。

近代社会では、ひとは他人との関係の結び方を、まずは家庭と学校という二つの場所で学ぶ。養育・教育というのは、共同生活のルールを教えることではある。が、ほんとうに重要なのは、ルールそのものではなくて、(　イ　)ルールがなりたつための前提がなんであるかを理解させることであろう。社会において規則がなりたつのは、相手も同じ規則に従うだろうという相互の期待や信頼がなりたっているときだけである。他人へのそういう根源的な信頼がどこかで成立していないと、社会は1観念だけの不安定なものになる。

幼稚園でのお歌とお遊戯、学校での給食。みなでいっしょに身体を使い、動かすことで、他人の身体に起こっていること、(　ウ　)、直接に知覚できないことを生き生きと感じる練習を、わたしたちはくりかえしてきた。身体に想像力を備わせることで、他人を思いやる気持ちを、つまりはF共存の条件となるものを、育んできたのである。

一方、家庭では、ひとは、信頼のさらにその b キバンとなるものを学ぶ。というより、からだで深く憶える。親密さという感情である。

家庭という場所、そこでひとは、（ エ ）無条件で他人の世話を享ける。言うことを聞いたからとか、おりこうさんにしたらとかいった理由や条件なしに、自分がただここにいるという、ただそういう理由だけで世話をしてもらった経験がたいていのひとにはある。こぼしたミルクを拭ってもらい、顎や脇の下、指や脚のあいだを c タンネンに洗ってもらった経験……。そういう「存在の世話」を、いかなる条件や留保もつけずにしてもらった経験が、将来自分がどれほど他人を憎むことになろうとも、最後のぎりぎりのところでひとへの信頼を失わないでいさせてくれる。G そういう人生への肯定感情がなければ、ひとは苦しみが 2 堆積するなかで、最終的に、死なないでいる理由をもちえないだろうと思われる。

あるいは、生きることのプライドを、追いつめられたぎりぎりのところでもてるかどうかは、自分が無条件に肯定された経験をもっているかどうか、わたしがわたしであるというだけでぜんぶ認められ世話されたことがあるかどうかにかかっていると言い換えてもいい。その経験があれば、母がじぶんを生んでしばらくして死んでも耐えられる。こういう経験がないと、一生どこか d ケツボウをもってしか生きられない。あるいは、じぶんが親や他人にとって e ジャマな存在ではないのかという疑いをいつも 3 払拭できない。つまりじぶんを、 H する価値のあるものとして認めることが最後のところでできないのである。

逆にこういう経験があれば、他人もまたじぶんと同じ「一」として存在すべきものとして尊敬できる。かわいがられる経験。まさぐられ、あそばれ、いたわられる経験。人間の尊厳とは、最終的にそういう経験を幼いときにもてたかどうかにかかっているとは言えないだろうか。

（鷲田清一『悲鳴をあげる身体』による）

問一　波線a～eのカタカナを漢字にあらためなさい。

問二（　ア　）～（　エ　）に適する語句を次の中から選んで、記号で書きなさい。

1　むしろ　2　いわば　3　しかし　4　あるいは　5　つまり

問三　傍線A「いのちのやりとりという大事なもの」とは、全文の内容から考えてどのようなことを述べているのか。次の中から最も適切なものを一つ選んで記号で書きなさい。

1　群雄割拠　2　相互扶助　3　切磋琢磨　4　自他祝福　5　以心伝心

問四　傍線B「他人の身体に起こっていることを生き生きと感じる練習」をすることによって、どのようなものが育まれると述べているか。文中から十字以内で抜き出しなさい。

問五　傍線C「じぶんが生きるにあたいするものであることをじぶんに納得させる」ものはどのようなものであると筆者は考えていますか。次の中からもっとも適切なものを一つ選んで記号で書きなさい。

1　人生は自分の力で創造するということ
2　生きることは楽しいと感じること
3　他者と共に助け合って生きること
4　互いに期待し合い信頼し合うこと
5　生きる理由を見つけ出すこと

問六　傍線D「それに耐えられるだけの力」とは何か。次の中から最も適切なものを一つ選んで記号で書きなさい。

1　学校の中で培われる信頼感
2　社会に適応できるルール
3　幼児期の楽しい思い出
4　他者から信頼される道徳観
5　自分自身の全面的な肯定

問七　傍線Ｅ「その」が指し示しているものは何か。次の中から最も適切なものを一つ選んで記号で書きなさい。

1　幼児期　　2　子ども　　3　人生　　4　自己　　5　学校

問八　傍線Ｆ「共存の条件となるもの」とは何か。次の中から最も適切なものを一つ選んで記号で書きなさい。

1　根源的な信頼
2　お歌とお遊戯
3　身体の想像力
4　共同生活のルール
5　親密さという感情

問九　傍線Ｇ「そういう人生への肯定感情」はどのようなことから持つことができると筆者は述べているか。それを表した部分を文中から十五字以内で抜き出しなさい。

問十　［Ｈ］に適する漢字二字の語句を文中から抜き出して書きなさい。

問十一　傍線Ｉ「人間の尊厳」とほぼ同じ意味の語を文中から十字以内で抜き出しなさい。

問十二　二重線1～3の問題文中の意味として適切なものを次の中からそれぞれ選んで記号で書きなさい。

1「観念」……ア 虚栄　イ 空疎　ウ 典型　エ 粉飾　オ 軽薄
2「堆積」……ア 緊迫　イ 増大　ウ 圧縮　エ 散漫　オ 継続
3「払拭」……ア 駆逐　イ 禅譲　ウ 粛清　エ 割愛　オ 脱却

（PL学園衛生看護専門学校）

▼本文の内容確認

1段落に「家庭や学校で体験されるべきとても大事なこと、それについてもう少し考えてみよう」という表現があることから、**テーマは「家庭や学校で体験されるべきことについて」**であると確認できます。

2・3段落では「学校について友人と話したとき～お歌とお遊戯～」と、**筆者の体験談、あるいは幼稚園ですることの具体例**が挙げられています。また、4段落には「永井均は著作のなかでこう書いている～」と、**他者の文章を引用**しています。ということは…、あのルールが使えそうですね。

読解戦略3《例と論》

「例（具体例・体験談・引用）」が出てきたら、「例」の範囲を確認し、「例」のはじまる直前・「例」がおわった直後に注目！

すると、永井氏の引用の直前にある、

4 ～生きるということが楽しいものであることの経験、そういう人生への肯定が底にないと、死なないでいることをじぶんでは肯定できないものだ。お歌とお遊戯はその楽しさを体験するためにあったはず～

といった部分が重要な情報であると判断できます。

皆さんの中には、この部分でうまく読解戦略3《例と論》を使えなかった…という方もいるかもしれませんが、ご安心を。この部分で述べられている「人生への肯定」は、ここより後の本文中で何度かイコール関係で登場しています。傍線部Gという設問箇所があるので、いっそう気づきやすくなっていますよね。

さらに5段落へと読み進んでいくと、このあたりから、テーマに関係する重要な情報が立て続けに登場してきます。

5 近代社会では、ひとは他人との関係の結び方を、まずは家庭と学校という二つの場所で学ぶ。養育・教育というのは、共同生活のルールを教えることではある。が、ほんとうに重要なのは、ルールそのものではなくて、（　イ　）ルールがなりたつための前提がなんであるかを理解させることであろう。社会において規則がなりたつのは、相手も～相互の期待や信頼がなりたっているとき～

6 幼稚園でのお歌とお遊戯、学校での給食。みなでいっしょに身体を使い、動かすことで、他人の身体に起こっていること、（　ウ　）、直接に知覚できないことを生き生きと感じる練習を、わたしたちはくりかえしてきた。身体に想像力を備わせることで、他人を思いやる気持ちを、つまりは[F]共存の条件となるものを、育んできたのである。

7 一方、家庭では、ひとは、信頼のさらにその[b]キバンとなるものを学ぶ。～

5段落の「ほんとうに重要なのは～」という表現、ピンときましたか？

読解戦略5 《強調表現》

強調表現の使われている部分があったら、そこに注目！

「重要」という言葉は、強調表現の「熟語バージョン」として紹介したものです。そこに、さらに「ほんとうに」という言葉が乗っかっているので、この部分はかなり大事なことを述べているな…と気づけますね。

ここまでくれば、あと一息です。

8 家庭という場所、そこでひとは、（　エ　）無条件で他人の世話を享ける。～
9 ～自分が無条件に肯定された経験～
10 ～こういう経験があれば～人間の尊厳とは、最終的にそういう経験を幼いときにもてたかどうかにかかっているとは言えないだろうか。

本文の前半では学校と家庭の両方を話題としていましたが、8段落以降では家庭に焦点をあわせて、**家庭で他人に世話される、言い換えれば自分という存在を無条件で肯定されることが、**

人生への肯定感情につながると筆者は述べています。

また、本文の末尾は「〜言えないだろうか。」という表現で結ばれています。ここで、

読解戦略4《疑問―答え》

●「疑問―答え」の対応関係があったら「答え」の部分に注目！

●「答え」のない疑問表現「ないか・まいか」は、間接的に筆者の主張を示すので、疑問の部分そのものに注目！

を思い出してください。この場合は「だろう」という表現が間にはさまれてはいますが、「ないか・まいか」の疑問表現になっていますよね。

本文のラストに「ないか・まいか」があり、そこに述べられていることは、本文の前半でチェックした「人生の肯定感情」につながる内容となっています。ということで、この部分が主張になっていることが確認できますので、これで本文の内容確認はOKと言えそうです。

【テーマ】＝家庭や学校で体験されるべきこと

例　幼稚園での歌や遊戯、永井均の文章の引用

↓

論　人生への肯定感情が生きていくために重要

＝

（楽しいという感情）

家庭や学校…他人との関係の結び方（共同生活のルール）を学ぶ場所

（だが）

ほんとうに重要なのはルールが成り立つための前提

＝

相互の期待・信頼

↓

・学校…共に身体を使うことで、他人を思いやる気持ちを学ぶ

・家庭…信頼の基盤となる親密さという感情を身体で学ぶ（憶える）

↓

主張

家庭で他人に世話をされる

＝

自分という存在を無条件に肯定される

↓

人生への肯定感情（人間の尊厳）が生まれる

▼設問の解答解説

★印の設問は「復習重点問題」ですので特にしっかりチェックしてくださいね！

【問一】

a「軽視」、b「基盤」、c「丹念」、d「欠乏」、e「邪魔」と、どれも基本的な熟語となっています。書けなかったものがあれば、しっかりチェックしておきましょう。bの「基盤」は「土台やベースとなるもの」という意味、dの「欠乏」は「乏」の訓読みである「とぼ(しい)」もおさえておきましょう。

【問二】

選択肢が「常連さん」だけで成り立っている「接続語問題」です。こういう問題で確実に得点できるようになると、現代文全体の得点力が安定してきますから、気を抜かずしっかり「前後のつながり」に目を向けていきましょう！

（ア）の近くでは学校のはたらきを述べています。空欄の前には「人生の楽しさを経験する」、後ろには「不幸な体験に耐える力を与える」という内容があり、これらは「学校のはたらきは〜か、**それとも**…か」といったつながりになっていることから、前後を比べるはたらきの4「**あるいは**」が解答となります。

（ イ ）の前後は、要約すると「重要なのはルールではなく、（ イ ）ルールが成り立つための前提」と述べています。ここも（ ア ）と同じように前後を比べているように見えるかもしれませんが、この場合、「～ではなく…」という形になっていることから、単に比べるのではなく、**比べたうえで、後ろで述べている内容に重点を置いている**ことがわかります。そういうはたらきをするものは…、**1「むしろ」**です。「むしろ」という語が用いられるときは、

「～ではなくむしろ…」「～よりもむしろ…」

というパターンが圧倒的に多いので、そのパターンもしっかり覚えておきましょう！

（ ウ ）は、四つの中で最も簡単だったのでは？　空欄直前の「他人の身体に起こっていること」を、直後で「直接に知覚できないこと」と**イコール関係で言い換え**ていますよね。ということで、正解は**5「つまり」**となります。ここで「えっ、2の『いわば』も同じはたらきじゃない？」と思った皆さん、非常によい指摘です。実は、「いわば」がここで正解にならない理由は…次の（ エ ）を考えていく中で見えてきます。

ということで、最後の（ エ ）にいきましょう。ここは、（ ウ ）のような「純粋な」イコール関係というよりは、**「言ってみれば、たとえて言えば」といった意味合いのあるつながり**になっています。「つまり」という言葉にはそのようなニュアンスはないため、（ ウ ）

と（　エ　）をあわせて考えると、（　エ　）の正解は**2「いわば」**の方となるわけです。

【問三】

傍線部の直前・直後から、「家庭と学校で体験するもの」が、傍線部の意味内容であることが確認できます。設問が「全文の内容から考えて」と問うていることもあわせて考えると、この問題は、まさに「テーマ・論理・主張」をチェックする、「いつもの読み方」をしていれば、そのまま解答が決定できる問題です。

5段落に「相互の期待や信頼」という表現があることから、「互いに助け合い支え合う」という意味の、**2「相互扶助」**が正解となります。

★【問四】

抜き出しや記述のように「解答用紙のマス目に語句や文を書く」タイプの設問（僕は予備校の授業では略して「マス目埋めてく系」なんて言い方をしています）では、設問の問いかけの中に解答決定のための大きなヒントが隠れているケースが多くあります。この設問は、

傍線B「他人の身体に起こっていることを生き生きと感じる練習」をする**ことによって、**どのようなものが**育まれる**と述べているか。文中から十字以内で抜き出しなさい。

という問いかけになっています。

また、設問の種類は「内容説明問題」ですから、イコール関係に注目していくことになります。すると、

③ 幼稚園では、いっしょに歌い、いっしょにお遊戯をするだけでなく、いっしょにおやつやお弁当も食べる。B他人の身体に起こっていることを生き生きと感じる練習だ。

⑥段落に傍線部とイコール関係が存在！

⑥ 幼稚園でのお歌とお遊戯、学校での給食。みなでいっしょに身体を使い、動かすことで、他人の身体に起こっていること、（　ウ　）、直接に知覚できないことを生き生きと感じる練習を、わたしたちはくりかえしてきた。身体に想像力を備わせることで、他人を思いやる気持ちを、つまりはF共存の条件となるものを、育んで～

といった形で、傍線部とイコール関係の部分が存在する⑥段落に注目すればヒントがゲットできそうだ…と見えてきます。そこで、さらに⑥段落をより詳しくチェックしていくと、

《設問》　他人の身体に起こっていることを生き生きと感じる練習をすることによって、どのようなものが育まれるか？

6段落　他人の身体に起こっていること～を生き生きと感じる身体に想像力を備わせることで
他人を思いやる気持ちを育んで、

設問の問いかけとイコール関係が存在！

という関係が確認できることから、**正解は「他人を思いやる気持ち」**という部分であると決定できます。

抜き出し・記述問題を速く＆楽に処理するためのコツ

「設問の問いかけ方」と「本文中の表現」の対応関係に注目！

★【問五】

傍線部のすぐ後に注目すると、

> 生きる理由が
> 〜見当たらなくなったときに、C＿＿＿
> そのとき、〜生きることが楽しいものであることの経験、
> そういう人生への肯定が底にないと〜
>
> 指示語

と、指示語によって前の内容を受けながら説明が続いています。このように、設問部分の中or近くに指示語がある場合、ある「パターン」で答えが探しやすくなっている可能性が高いのです。

皆さん、「前と後の両方を見てから答えを選んだけど、結局、前は見る必要なかったな…」といった経験をしたこと、ありませんか？　現代文の問題を解くとき「傍線や空欄の前後をチェックする」作業は誰でもしているわけですが、制限時間の中で自分の力を最大限に発揮して合格ラインを超える得点をゲットするためには、そういった一連の作業の中でムダを省くことが大切です。その際に、いま学んでいる「指示語がらみの設問パターンだ！」と気づけることは大きな力になるので、それについてわかりやすく整理しておきましょう。

設問部分の中or近くに指示語（㊢）があるパターン

●㊢内蔵型

↑前に注目！

●㊢乗っかり型

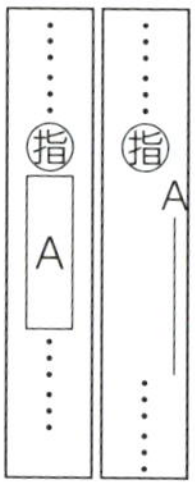

↑前に注目！

●㊢ぶら下がり型

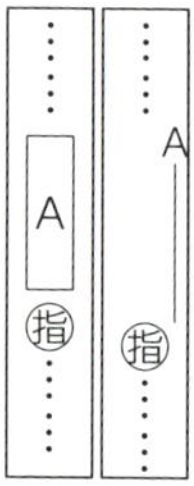

↑後に注目！

この設問では、傍線部Cの後に指示語があり、その指示語が傍線部Cを含む部分を指しています。つまり「指示語ぶら下がり型」になっているわけです。そこで、設問部分の後の内容を見ていくと、「生きるということが楽しい」「人生への肯定」といった内容が述べられているので、ここから、**解答は2**と決定できます。

設問部分の中or近くに指示語があったら…

「指示語内蔵型」「指示語乗っかり型」は前の内容、「指示語ぶら下がり型」は後の内容が解答やヒントである可能性大！

【問六】

問五をチェックした後であれば、楽勝といえる設問です。傍線部の中と前の両方に指示語があるので「指示語内蔵型&指示語乗っかり型」のパターンになっています。ということは…前の内容が解答やヒントの可能性が高いので、傍線部より前で述べられている内容に注目していきましょう。すると、先ほど問五で見た内容や、それに続く永井氏の文章の引用の中にある内容がヒントとなって、**解答は5**とわかります。

【問七】

この設問は、指示語がらみ…というより、指示語の指す内容を問うているだけの、ただの「指示語問題」です。パート2「設問解法編」で確認したとおり、指示語の指す内容を探すときは、指示語の後ろに続く内容からヒントをゲットしたうえで前に戻る…が大原則でした。その手順通りに考えていけば、指示語に続く「存在の意味」がヒントとなります。そのうえで、何の存在の意味について述べているのかを前に戻って確認すると「学校は〜その存在理由は〜」といった表現があることから、学校の存在理由について述べていることがわかり、**5が正解**と決定することができます。

【問八】

傍線部の直前にある、接続語「つまり」に注目してみましょう。「つまり」の用法、ちゃんと覚えていますか？　前後をイコールでつなぐ、言い換えるというはたらきでしたよね。そこ

で、傍線部を含む部分を整理してみると、

身体に想像力を備わせることで　{他人を思いやる気持ち ＝つまりは F 共存の条件となるもの}　を育んできた

といった構造が見えてきます。ここから、「他人を思いやる気持ち」に関係あるものを選べばよいとわかります。すると、**2・3・4は他人に向けられる気持ちとは関係ないことから×、5は「親密」というだけでは「共存の条件」とはズレることから×**となり、**正解は1**となります。

【問九】

先ほど、問四で学んだことを利用しましょう。すると、

《設問》　G――はどのようなことから持つことができると筆者は述べているか

設問の問いかけとイコール関係が存在！

9段落　～自分が無条件に肯定された経験をもっているかどうか～

という関係が成り立っていることから、**解答は「自分が無条件に肯定された経験」**とすぐに決められます。

【問十】
問八と同様、直前にある「つまり」が大きなヒントとなっています。「つまり」の前には「自分が邪魔な存在だと思う」とあることから、ここを言い換えたものが「自分を H する価値があると認められない」という空欄を含む部分となります。よって、**正解は「存在」**となります。

【問十一】
傍線部を含む部分とイコール関係になっている部分が9段落にあります。簡単にまとめると、

《設問部》 人間の尊厳とは、最終的にそういう経験を幼いときにもてたかどうかにかかっている

9段落 ～生きることのプライド～自分が無条件に肯定された経験をもっているかどうか～にかかっている～

といった形で、それぞれの部分が対応していることが確認でき、**解答は「生きることのプライド」**と決定できます。ちなみに、「尊厳」は「尊く厳かで侵しがたい」、「プライド」は「誇り、自尊心」という意味なので、意味の面からもこの解答でOKであることが確認できます。

【問十二】

1 「観念」という言葉は「ものごとに対する考え」という意味ですが、**「観念的」となると「現実から離れて抽象的・空想的に考える」という意味**になります。今回はその「観念的」に近い意味合いで用いられており、「形だけで内容の乏しいこと」という意味の**イ「空疎」が正解**となります。

2 「堆積《たいせき》」は「積み重なること」という意味で、これは**イ「増大」が正解**と決めやすかったのではないでしょうか。

3 「払拭《ふっしょく》」は「ぬぐい去る、すっかり取り除く」という意味で、近いものとしては「抜け出す、捨て去る」という意味の**オ「脱却」が正解**となります。アの「駆逐《くちく》」は「追い払う」という意味で、「払拭」とはやや意味がズレるため不適切となります。

これで、実践編の2問目は終了です。先ほどの1問目と比べると、設問数は多くなっていますが、一つひとつの設問が「軽め」の内容であり、選択肢も紛らわしいものは、ほぼないと言ってよいのではないでしょうか。

このように、同じ現代文の読解問題といっても、学校によって出題のされ方は大きく異なります。もちろん、読み方や解き方は僕が書いたこの本でバッチリ！　…なのですが、できるかぎり早い段階で、自分の志望校の問題を入手して、その内容もチェックしてみてくださいね。

【解答】
問一　a　軽視　b　基盤　c　丹念　d　欠乏　e　邪魔
問二　ア　4　イ　1　ウ　5　エ　2
問三　2
問四　他人を思いやる気持ち（10字）
問五　2
問六　5
問七　5
問八　1
問九　自分が無条件に肯定された経験（14字）
問十　存在
問十一　生きることのプライド（10字）
問十二　1　イ　2　イ　3　オ

問題3

次の文章を読んで、後の問いに答えよ。

テレビは一方向の情報流通を基本とするが、インターネットは双方向である。また、一対多のコミュニケーションもできるという点で電話とも大きく違っている。そうした特性から、様々な意見のやり取りによって一つの「世論」が形成される過程にも、これまでにない変化を及ぼしていることが考えられる。社会心理学の領域では、かなり以前から、集団討議が意思決定に及ぼす影響や、パソコンなどのメディアを介したコミュニケーション（ＣＭＣ：computer-mediated-communication）が、通常の対面コミュニケーションとどのように異なるかについて、研究が重ねられてきた。

集団討議については、［ a ］、個人で単独に決定を行うより、より危険率の高い勇ましい意見が優勢になりやすいことが見いだされた。その後、テーマや参加者によっては、リスクを懸念する声が優勢になると、慎重な結論に収縮する場合もあることも確かめられた。総じて集団討議では、個々のメンバーの持っている傾向がより強められた結論が出やすいこと（集団極化）が明らかになっている。

［ b ］、ＣＭＣは社会的存在感（「相手の存在をどれだけ身近に意識させるか」の程

度）の比較的低いメディアであり、対面状況ほどの説得力を持ちにくいこと、社会的地位や年齢などの「社会的手がかり」が得にくく、議論への平等な参加が促進される反面、言語的暴力が発生しやすいことなどの研究成果も示された。

こうしたチケン[ア]は、今日の「ネット議論」[1]の特性を読み解く一つの鍵ともなりうる。ネット空間では、意見を交換する場が無数に提供されている。知り合いの仲間が議論を交わすコミュニティサイトや「2ちゃんねる」のような大規模掲示板、一利用者の質問に何人かが回答を上せる「Yahoo!知恵袋」などである。

そうした言論空間で、しばしば暴言が飛び交ったり、誹謗中傷が横行してサイトが混乱状態になる、いわゆるフレーミング（炎上）が起こることがある。また、「ネット右翼」的な現象や、一部のサイト上のネット投票結果が、一般世論とかなり異なった方向の結果を示すなど、議論が一定の方向に極端に傾く場合がある。

これまでの研究によれば、ネット上の議論でフレーミングが発生しやすい理由は次のようにまとめられる。

一つの原因は先に述べたように、コミュニケーションの際の「社会的手がかりの欠如」だと言われる。通常、ネット上のやりとりでは顔や服装などの視覚的情報、あるいは声などの聴覚的情報が伴わない。［ c ］、普通の直接的コミュニケーションでは容貌や声から容易に推測される性別や年齢、社会的地位などの情報が欠如する。たとえ、それらをメッセージ内で明らかにしていたとしても、それが本当だという保証はない。その結果、年齢や社会的属性などの上下関係に対する気遣いや性別にとらわれない平等な発言が交わされやすく、議論が活発化することもあるが、一方で相手に配慮を欠いた発言が飛び出しやすい。

また、通常のコミュニケーションでは、少々失礼な言葉や皮肉を述べても、笑みなどの表情で内容を[イ]カンワできたり、発言がジョークであることを明らかにしたりすることができるが、ネット上ではそうした非言語的なシグナルによる[ウ]ホセイがききにくい。

ネット上のメッセージのやりとりだと、言葉の細部に神経が集中し、[2]揚げ足取りの応酬が生じることもある。ネットでやりとりする相手とは、価値観や背景的知識を共有しない場合も多く、互いのメッセージの理解をめぐって、十分真意が伝わらず、いらだちが増すことも多い。

また、多くのネット上の言語空間では、匿名でメッセージがやりとりされるため、自分の行動が人からどのように評価されるかをあまり気にしなくなり、社会的な規範による抑制がきかず、責任感の欠如した無礼な発言もされやすい。その多くの発言は、推敲もされないまま、感情のほとばしりに任せて打ち込まれたものである。

一人の感情的な発言が呼び水になり、互いに言語的暴力の応酬になったり、次々と悪意を含んだ過激な発言が集中したりすることでしばしばサイトは「炎上」する。

一般に、集団的討議の場で意見が極端な方向に傾くことを社会心理学では「意見の極化」と呼んでいるが、とくに、より危険度の高くなりそうな極端な方向に議論が流れることを「リスキーシフト」と呼ぶ。たとえば、管理職との団体交渉に臨む直前の組合員同士の議論、ある種の宗教団体の集会などを思い浮かべるとリスキーシフトの発生が想像しやすい。

リスキーシフトが生じる理由については、勇ましい意見が大きな声になりやすく、反対意見を提示するのに躊躇する状況が生まれること、集団の中にあって、より目立とうとする心理が大胆な意見を誘発すること、リスクが高くなっても責任が分散されるため、結論を実行した場合の結果を十分ジュクリョしないような発言が横行することなどがあげられている。

また、それまで自分では予想もしなかった説得力のある意見が提示され、同様の方向性の意見が続いて出されることにより、自分の考えがそちらになびきやすいことや、集団内で大勢を占めるだろうと自分が判断した意見に同調することで自己を集団内でより適切に位置づけようとする動機付けが働くこと、なども理由として考えられている。

ネット上では、匿名状況が多く、相手の顔も見えないので、対面状況の場合以上に責任感が希薄化し、また、より大胆な意見がその場の雰囲気を支配しやすくなる。

ネット上での言語的暴力の発生や意見の極化は、それぞれの言語空間の特性による。相手がどのような人物かまったく予想もつかず、発言は完全に匿名で、管理者的な存在も見あたらない場合、自分勝手で人に配慮しない発言が行われ、感情的対立や誹謗中傷が生まれる確率が高くなる。逆の状況では、そのような発言は抑制される。

一方で、参加資格が限定されていたり、一定の考えをもつ人だけが集まるような言語空間では、視覚的匿名状況（相手が誰かわからず、外見的特性も判断できない状況）にあっても仲間意識の程度が強ければ、その場の集団的価値観に即した発言を強いるような集団規範圧力が働く。その結果、参加者も、場の雰囲気に合わせた発言、さらにはその雰囲気をコ[オ]チョウするような発言を率先してするようになる。

この場合、匿名状況が、個人的なアイデンティティを最小化し、むしろ個人を集団的な[3]カテゴリーに埋め込むように作用するからである（「社会的アイデンティティモデル」と呼ばれている）。その結果、[4]言語的暴力の応酬は少ないが、議論が非常に片寄った方向にシフトしていく場合がある。

現実に、日本の掲示板サイトでも、外国人への差別意識をむき出しにしたり、犯罪の被疑者を一方的に断罪したりするスレッドがある。そこでの「匿名」は、単に発言の責任を減免するためにあるだけでなく、個人を集団に埋没させる方向にも機能している。そして、ときによっては、その匿名集団の中で凝集した感情が、[5]オフラインの集合行動として現実化する場合もある。

（橋本良明『メディアと日本人―変わりゆく日常』による）

問1　傍線部ア～オのカタカナの部分を漢字に直す場合、最も適切なものを次の各群の①～⑤の中からそれぞれ一つずつ選べ。

ア　チケン　①兼　②検　③健　④見　⑤顕

イ　カンワ　①歓　②簡　③感　④暖　⑤緩

ウ　ホセイ　①歩　②捕　③補　④帆　⑤穂

エ　ジュクリョ　①慮　②旅　③虜　④侶　⑤料

オ　コチョウ　①張　②兆　③帳　④徴　⑤超

問2　本文中の空欄 a ～ c に入る語として最も適切なものを次の①～⑤の中からそれぞれ一つずつ選べ。(ただし同じものを二度用いてはならない。)

①　しかし　②　まず　③　したがって　④　たとえば　⑤　また

問3　傍線部1「『ネット議論』の特性」とあるが、その特性として適切でないものを①～⑤の中から一つ選べ。

①　一般世論とかなり異なった方向の結果が示される場合がある。
②　意見を交換する場が無数に提供されている。
③　誹謗中傷が横行してサイトが混乱状態になることがある。
④　非言語的なシグナルを多用して議論が行われることが多い。
⑤　「ネット右翼」的な現象を示すなど極端な議論に傾く場合がある。

問4　傍線部2「揚げ足取り」、傍線部3「カテゴリー」の文章中の意味として最も適切なものをそれぞれ①～⑤の中から一つずつ選べ。

2　揚げ足取り
①　相手の言葉の意味を明確にすることを、発言のたびに執拗に求めること。
②　相手の言葉の真意がつかめず、誤った理解のもとに発言を糾弾すること。

③　相手の言葉の細部にのみ神経を払い、全体を理解しないまま反論をすること。
④　相手の言い損ないや言葉じりにつけこんで、なじったり皮肉を言ったりすること。
⑤　相手のメッセージの根拠の弱さを指摘し、非難、否定に終始すること。

3　カテゴリー
①　独自性の集合体。
②　同質・同類のものがすべて含まれる範囲。
③　集団を支配する力学。
④　自己同一性。
⑤　集団的思想傾向。

問5　傍線部4「言語的暴力の応酬は少ないが、議論が非常に片寄った方向にシフトしていく」とあるが、これはどのようなことか。その説明として最も適切なものを一つ選べ。
①　視覚的匿名状況であるが参加資格が限定され一定の考えを持つ人だけの集まりであるので感情的対立は抑制されるが、匿名性のため責任感が希薄化しより大胆な意見が議論の中心になっていくということ。
②　匿名状況ではなく管理者も存在するので誹謗中傷は生まれないが、反対意見を提示することが躊躇されるので個人の意見は抑制され集団的価値観に沿った議論になっていくということ。
③　視覚的匿名状況であるが仲間意識の強い言語空間における議論であるので感情的対

立が生まれる可能性が低く、個人の持つ同じような意見の応酬によって発展的に集団の価値観に沿った議論になっていくということ。

④ 匿名状況ではなく参加資格も限定されるので一定の意見を持った人々の集団となり感情の対立は生まれないが、他の考え方が議論の中で提示されることがないため議論は片寄った意見の応酬になるということ。

⑤ 視覚的匿名状況にあっても仲間意識の強い言語空間における議論であるので誹謗中傷が生まれる可能性は低いが、集団規範圧力が働くので個人の考えを述べる議論であるべきものが集団的価値観に沿った発言の応酬になるということ。

問6 傍線部5「オフラインの集合行動として現実化する」とあるが、これはどのようなことか。その説明として最も適切なものを一つ選べ。

① オンラインによる議論のもとで検討された個人の考えが、現実世界の中で集団行動として実行されるということ。

② オンラインによる徹底した議論のもとで生まれた感情が、現実世界で行動として具現化されるということ。

③ オンラインという匿名集団による片寄った議論による結論が、現実世界において集団的に実行されるということ。

④ オンラインにおける集団的規範圧力のもとで生まれた片寄った結論が、現実世界の中における世論として機能するということ。

⑤ オンラインにおいてリスキーシフトをおこしつつ生まれた感情が、現実世界の中で暴動として具現化されるということ。

（九州中央リハビリテーション学院）

▼本文の内容確認

段落数はやや多くなっていますが、ネット上の議論の特徴として「意見が極端な方向になる」「誹謗中傷や暴言が多くなる」という点に注目し、その原因や発生しやすい状況について論じています。

【テーマ】＝「ネット上の集団討議」について

集団討議やCMCについての研究からわかったこと

＝

・個々のメンバーが持っている傾向がより強まる（集団極化）

・平等な立場で議論に参加できるが言語的暴力が発生しやすい

フレーミング（炎上）

○原因
・社会的手がかりの欠如
・非言語的なシグナルによる補正がききにくい
・匿名のため抑制がきかず感情のままに発言

○発生しやすい状況
・匿名で管理者的存在のない場合

リスキーシフト（意見の極化）

○原因
・勇ましい意見に反対するのをためらう
・集団の中で目立とうとする心理
・責任が分散される
・予想もしなかった意見への同調
・大勢に同調することで集団内の自分の位置づけを確保

○発生しやすい状況
・一定の考えの人だけが集まる場合

↓

ネット上の言語空間の特性によって、言語的暴力や意見の極化といった問題が発生 …主張

▼設問の解答解説

【問1】

漢字の問題なので、それぞれの正解の熟語と、その意味を確認しておきましょう。

ア「知見」…見たり聞いたりして得た知識。

イ「緩和」…やわらげること。

ウ「補正」…足りないところを補って誤りをなくすこと。

エ「熟慮」…じっくりと考え判断すること。

オ「誇張」…大げさにすること。

【問2】

②の「まず」を除いて、「常連さん」で成り立っている接続語問題です。といっても、②「まず」も、はたらきは簡単ですよね。この言葉は、いくつかのことを順序立てたり並べたりしながら述べていくときに、「はじめに、最初に」という意味で用いられるものです。

[a]には、その「まず」が入ります。すぐ後の文で「その後〜」と述べられていることが、順序立てて（並べて）述べているな…と気づく大きなヒントになります。それがわかると、連鎖的に[b]の解答も決めることができます。空欄の前で集団討議について「〜が明らかになっている」と述べた後、段落が変わりますが、次の段落ではCMCについて「〜も示され

た」と、研究からわかったことを引き続き述べています。ここから、並べる・付け足すはたらきの「また」が入るとわかります。

最後の c は、直前で述べられた「ネットでは視覚的・聴覚的情報が伴わない」という内容を原因・理由として、そこから導かれた結果・結論を、直後で「通常のコミュニケーションならあるはずの情報が欠如する」と述べています。このような「原因・理由→結果・結論」の関係、つまり因果関係をつなぐものということで、「したがって」が答えとなります。

ということで、**正解はaが②、bが⑤、cが③**となります。

【問3】

「適切でない」ものを選ぶ問題であることに注意しましょう。9段落に「ネット上では～非言語的なシグナルによる補正がききにくい」とあることから、「非言語的シグナル」はネット上の議論では用いられないことがわかります。ここから④**が解答**と決定できます。

★【問4】

語句の意味を答える設問です。このようなタイプの設問は、センター試験の小説などでも見られますが、解答決定の原則は「辞書的な意味」です。「辞書的な意味」というのは、その言葉の最もポピュラーな意味、多くの辞書でその言葉を調べると最初に示されるような意味、と考えてください。辞書的な意味で解答が決定できない場合にはじめて、前後の意味関係、いわゆる「文脈」を参考にします。「設問部と置き換えて意味が通じるものを…」とやらないよう注意しましょう！

2の「揚げ足取り（揚げ足を取る）」は「ちょっとした言葉や失敗を取り上げて非難したりからかったりする」、3の「カテゴリー」は「同じようなものが含まれる範囲」という意味なので、**正解は2が④、3が②**となります。「カテゴリー」と同じ意味の熟語である「範疇」も、あわせておさえておくとよいでしょう。

語句の意味を問う問題では…

「辞書的な意味」を最優先に検討し、それで解答が決定できない場合は「文脈情報」を加味して判断する！

【問5】

傍線部の直前に「その(結果)」という表現があることから**「指示語乗っかり型」のパターンになっている**ことがわかります。「指示語乗っかり型＝前がヒントの可能性大」という原則に従って、前方向にヒントを探していくと、

~仲間意識の程度が強ければ、その場の集団的価値観に即した発言を強いるような集団規範圧力が働く。

その結果、参加者も、場の雰囲気に合わせた発言、さらにはその雰囲気をオコチョウするような発言を率先してするようになる。

この場合、匿名状況が、個人的なアイデンティティを最小化し、むしろ個人を集団的な3カテゴリーに埋め込むように作用する

その結果、4言語的暴力の応酬は少ないが、議論が非常に片寄った方向にシフトしていく

指示語乗っかり型＝前に注目！

といった形で、指示語の指す内容の中にまた指示語がある…という構造になっていることがわかります。そこで、さらに前に戻りつつ解答につながる情報を求めていくと、**「場の雰囲気に合わせたりそれを誇張したりする発言は、圧力により強いられたものである」**という内容が確認できます。これをもとに選択肢をチェックしていきましょう。

① 視覚的○匿名状況であるが参加資格が限定され一定の考えを持つ人だけの集まりであるので感情的対立は抑制されるが、×匿名性のため責任感が希薄化しより大胆な意見が議論の中心になっていくということ。

②× ×匿名状況ではなく管理者も存在するので誹謗中傷は生まれないが、反対意見を提示することが躊躇されるので個人の意見は抑制され集団的価値観に沿った議論になっていくということ。

③ 視覚的○匿名状況であるが仲間意識の強い言語空間における議論であるので感情的対立が生まれる可能性が低く、×個人の持つ同じような意見の応酬によって発展的に集団の価値観に沿った議論になっていくということ。

④× ×匿名状況ではなく参加資格も限定されるので一定の意見を持った人々の集団となり感情の対立は生まれないが、他の考え方が議論の中で提示されることがないため議論は片寄った意見の応酬になるということ。

⑤　視覚的○匿名状況にあっても仲間意識の強い言語空間における議論であるので誹謗中傷が生まれる可能性は低いが、○集団規範圧力が働くので個人の考えを述べる議論であるべきものが集団的価値観に沿った発言の応酬になるということ。

②・④は「匿名状況ではなく」という表現が、傍線部を含む段落で述べられている内容と正反対なので明らかな×となります。①は後半部分が、仲間意識の強い議論ではなく一般的なネットでの議論のことを述べているため、その点がズレています。③は、「個人の持つ同じような意見の応酬」という部分が本文とズレます。最初から同じ考えを持っているわけではなく、同じような考えの発言をするように「圧力」がかかるのでしたよね。よって、**正解は⑤**となります。

★【問6】

内容説明問題なので、傍線部から言い換え・説明を要する部分を見つけていきます。「として」の前後で分けて考えると、「オフラインの集合行動」「現実化」がポイントになりそうかな…、傍線部は**「何かが現実の行動になる」**と述べているな…というところまでは比較的容易に確認が可能です。けれども、**傍線部が「何について」述べているか、すなわち傍線部の主語が何であるかが不明な状態のままでは、文章中の他の部分にヒントを探しに出かけるわけにはいきません。**

そこで、傍線部の前に目を向けてみましょう。すると別のポイントが見えてきます。

> ★(指)乗っかり型＝前がヒント！（↑問5でチェックした内容と関連！）
>
> **その匿名集団**の中で**凝集した感情**が、オフラインの集合行動として現実化する～
>
> ★傍線部の主語は「感情」である！

「凝集」は「集まって固まる」という意味であることをあわせて考えると、**「感情がひとつに固まりまとまったもの」**が**「現実の行動となる」**ということがわかります。これで、先ほどの状態より、傍線部の意味内容がはっきりとわかってきました。

このように、傍線部に十分なヒントが見つけられない場合、傍線を前後に延長するようなイメージでヒント探しをすると、解答決定に大きく貢献してくれる情報が発見できるというパターンは多くあります。受験生の皆さんは、設問の作られている傍線部だけでなんとかしよう(なんとかなる)と思ってしまうことが意外と多いようですので、気をつけましょう！

そして、解答決定のもうひとつのカギは、「凝集した感情」という表現のさらに上にある「その匿名集団」という表現です。傍線部の前に指示語がある…つまり「指示語乗っかり型」になっているので、前に注目してヒントを探せばよいとわかります。すると、前に書かれている内容は…先ほど問5でチェックしたばかりの内容ですよね。ということで、それもふまえつつ、選択肢のチェックに入っていきましょう。

---

①　オンラインによる議論のもとで検討された ×個人の考えが、現実世界の中で集団行動として実行されるということ。

②　オンラインによる ×徹底した議論のもとで生まれた感情が、現実世界で行動として具現化されるということ。

③　オンラインという匿名集団による片寄った議論による ×結論が、現実世界において集団的に実行されるということ。

④ オンラインにおける集団的規範圧力のもとで生まれた片寄った×結論が、現実世界の中における×世論として機能するということ。

⑤ ○オンラインにおいて○リスキーシフトをおこしつつ生まれた感情が、現実世界の中で○暴動として具現化されるということ。

①は「集団の中で凝集した感情」であるべきものを「個人の考え」としているので、本文と正反対という、非常にわかりやすい、明らかな×の選択肢となっています。③と④も「感情」であるべきものを「結論」としているので同様に大きくズレています。残る②と⑤は「感情」とありますが、②は「徹底した議論」という部分が本文にはない一方、⑤の「リスキーシフト」については、問5で確認した内容や、本文の後半で述べられている内容ときちんと合致しています。これらから、**正解は⑤**となります。

傍線部だけでは情報が不十分なときは…

傍線部が短いなど、傍線部だけで答え探しに必要な情報が十分ゲットできないときは「自分のアタマの中で傍線部を前後に延長する」イメージで！

【解答】

問1　ア④　イ⑤　ウ③　エ①　オ①

問2　a②　b⑤　c③

問3　④

問4　2④　3②

問5　⑤

問6　⑤

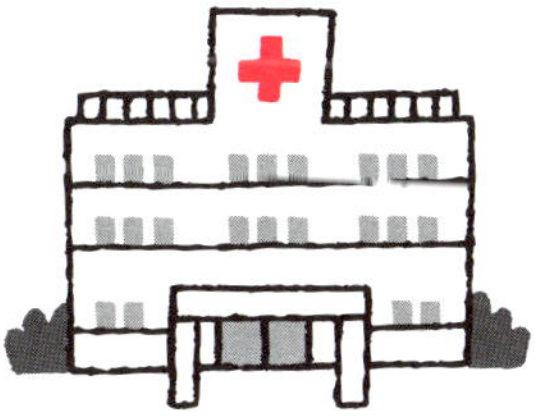

問題4

次の文章を読んで、後の問いに答えなさい。

　東京の小学生で犬と豚との区別がつかない子がいる、という話を新聞で読んだと或る人からきいて、いろいろと考えさせられた。この話を多くの人に話すとみんな「まさか」という顔をする。私もはじめは「まさか」と思った。いくらなんでも犬と豚とでは間違いようがないではないか、と。しかし、どうしてそういうことがありうるのだろうか、ありうるのだとしたらなぜだろうと、あれこれ考えていくうちに、だんだん私もその話を、「なるほど」と思うようになった。

　私たち大人は、犬と豚とを間違うはずがないと思っている。犬は愛玩《がん》用でかわいいもの、名まえをつけて家族の一員として扱われるもの、と考えられている。豚は食肉用として残飯などで飼われているもの、ア フケツなので人の住居とはイ ヘダてられた豚舎で飼うもの、と考えられている。ほぼそんなふうに考えて、混同しようのないものだと思っている。しかし、そういう考えはこれまでの大人の生活体験のなかで、それも一人一人の個人的な生活体験というより社会のなかでの共同の生活体験のなかで、はぐくまれ、受けつがれてきたのではなかろうか。

もしそのような1共同の生活体験という基盤が失われてきているとしたら、そういうなかで生まれ、育ってきた子供たちは、どうして犬と豚とを区別することができるだろうか。犬も豚も同じく四つ足のウカチクであり、しかもこの頃の都会の子供たちには、生きた豚、飼われている豚を見る機会が少ない。団地やマンションでは犬を飼うことを禁止しているところが多いから、そういうなかで生活している子供たちには、犬が家族の一員であるとの感覚も薄れてきている。このように、犬も豚も身近に感じることができないような条件におかれ、ともに生活からへだたりを持ったものになったとすれば、どうして子供たちに犬と豚とを区別することができるだろうか、また両者を区別するようなかたちでの関心が持たれるであろうか。

　私たち大人にとっては、犬と豚とを区別することは社会通念であり、常識である。その区別は動物学上の分類であるだけでなく、私たちが2一つの社会のなかでいろいろの物事を位置づける価値の観念や生活の様式としての文化上の分類でもある。だから、犬と豚との区別がはっきりしていたことと、はっきりしなくなったこととは、ただそれだけのことではなく、全体的な社会通念の変化、常識の変化であり、そしてさらには、私たちが自分の住む社会のなかで物事をどのように捉えるかという枠組そのものの変化なのである。

　だいぶまえのことだが、或る経営者が会社の部課長に向かって「新入社員を見たら外国人と思え」と言ったとかいうことをなにかで読んだことがあった。それは、新しく育ってきた若者たちに年長者、役職者のことばや言い分が簡単に通じると思うな、自分たちの基準だけから若者たちを非常識だといって腹を立てるな、という意味だったと思う。もっとも、それが3常識の相対化をみとめるところまで考えての話だったか、それともいずれ会社に入って時間が経てばそういう〈非常識〉はなくなって4自分たちと同じ言葉を理解し、話すようになるんだから、というエタカを括《くく》っての話だったかは覚えていないが。

会社に社員として入っていく場合と、学生として大学にいる場合とでは少しちがうようだが、大学の教師として毎年毎年新しい学生と接していても、自分では当然通じると思った話、まえには通じた話がいつの間にか通じなくなってびっくりすることがある。まえにまだ大学でオコウギをお持ちになっていたころ、林達夫さんが教えて下さったことだが、コウギをしていて聴いている学生たちが弛《だ》れ出したら、注意を惹きつけるこつは、誰かいま学生たちが一番関心を持っていそうな人物の名を声を高めて言うことにあるのだそうだ。

現在のように急激な社会変化が行なわれている時代には、いきおい社会通念や常識も、ちがった世代の人々の間ではずれを起こすことが多く、なかなか共通なものとして不動ではありえない。その端的なあらわれが犬と豚とを区別できなくなったことのうちにみとめられるわけだ。そして、共通なものでなくなるとき、実はもうそれは社会通念でも常識でもなくなるはずである。常識とはコモン・センス、つまり共通の識別能力あるいは判断力のことなのだから。

（中村雄二郎『考える愉しみ』による）

問一　傍線部ア～オの片仮名の語を、漢字に直しなさい。

問二　次の文を本文中に補う場合、最も適切な部分はどこか。補うべき部分の直前の八字（句読点を含む）を抜き出して答えなさい。

それはともかく、書物にしろ問題にしろ共通に関心が持ちつづけられている期間が現在ではかなり短い。

問三　傍線部1「共同の生活体験という基盤」とあるが、「共同の生活体験」は、何の「基盤」になっていると筆者は考えているのか。次にあるのはその答えですが、この答えの空欄□にあてはまる四字の語句を、本文中から探して書きなさい。

犬と豚とを区別するという□の基盤

問四　傍線部2「一つの社会のなかでいろいろの物事を位置づける価値の観念や生活の様式としての文化上の分類」とあるが、これとほぼ同じことを述べている箇所を、三十字以内で抜き出しなさい。

問五　傍線部3「常識の相対化」とは、どういうことか。四十字以内で説明しなさい。

問六　傍線部4「自分たちと同じ言葉を理解し、話すようになる」とは、どういうことか。

誰がどうなるということを明確にして四十字以内で説明しなさい。

問七　本文の論旨に合っているものを、次の①～⑤の中から一つ選んで、その番号を書きなさい。

① 現代社会は急激な変化に見舞われており、社会全体で同じ価値観を共有することが難しくなっている。

② 常識とは、誰が言い出したのかわからない曖昧《あいまい》なものであり、信用できないものである。

③ 世代を超えてわれわれがコミュニケーションできるのは、社会通念や常識が不変であるからである。

④ 常識は、年長者が若者に向かって自分たちの価値観を強要するために、利用される傾向がある。

⑤ 大人の常識が若者に通じない原因の一つとして、若者の生活における自然体験の乏しさがあげられる。

〈石川県立総合看護専門学校〈改〉〉

▼本文の内容確認

「犬と豚との区別がつかなくなった都会の子供」「或る経営者の言葉」「林達夫さんの話」が

《例》であることに気づけば、**読解戦略3《例と論》の関係**で構造をとらえていくことができます。

【テーマ】＝「社会通念（常識）」について

例　犬と豚との区別ができない子供

↓　＝

論　（そのような区別…共同の生活体験からはぐくまれる価値の観念や文化上の分類）

犬と豚との区別ができない子供が現れたことは、

↓

社会通念・常識の変化、物事を捉える枠組の変化を意味している

例
- ・或る経営者の言葉
- ・林達夫さんの話

（若者たちに言葉が通じない、という点での共通の話題）

↓

論　社会の変化が急激な時代には、社会通念や常識は世代間でずれが生じる

↓

ずれてしまったものは社会通念でも常識でもない

＝

現代の社会では、社会通念や常識といったものがなくなっている　…主張

▼設問の解答解説

【問一】

アは「不潔」、**イは**「隔」、**ウは**「家畜」、**エは**「高」、**オは**「講義」が正解です。ウは「畜」と似た漢字として「蓄」が、オは「抗議」「広義」などの同音異義語があるので、それぞれ書き間違いに気をつけましょう。エは「高をくくる」という慣用句ですので「せいぜいこの程度だろうと見くびる、安易に予測する」という意味もあわせておさえましょう。

★【問二】

脱落文の問題です。文中から「迷子」になった文の「親を探す」イメージで…ということを、パート2「設問解法編」で確認しましたので（↓81ページ）、それにしたがって、まずは脱落文そのものに注目し、ヒントである、「指示語」「接続語」「キーワード（キーセンテンス）」の三点を探してみましょう。

《脱落文》 それ《指》はともかく、書物にしろ問題にしろ
共通に関心が持ちつづけられている期間が現在ではかなり短い《キ》。

「それ」という指示語に関しては「それはともかく」と全体で接続語的にとらえても構いません。いずれにせよ「ともかく」は「さておき」といった意味なので、**指示語「それ」の指している内容は「ひとまず別にして」と述べている**ことが確認できます。ここから、**指示語の指す内容、つまりは脱落文を補う前にある内容は、本文全体における重要度は高くない、例や脱線的な内容**であることが、解答決定のひとつ目のポイントとして決定できます。

キーセンテンスである部分はやや長いので、要約して**「関心の持続時間が短い」**という内容が述べられていることを確認したら、それに関係する内容のある部分を探していくことが、二つ目のポイントになります。すると、最終7段落の冒頭に、「現在のように急激な社会変化が行なわれている時代には〜」という表現があるので、**「6段落の末尾に入るのでは?」**と考えられます。

6段落の後半の内容に注目すると、林達夫さんの話を引用し「講義中に学生の興味を引きつけるには〜」ということが述べられています。ここで、いつもの評論読解の三本柱「テーマ・論理・主張」が生きてきます。この文章のテーマは「社会通念（常識）」であって「講義で学生を引きつけるコツ」ではありません。よって、この部分は例や脱線的な部分であることから、解答決定のひとつ目のポイントも充足していることになります。以上から、6段落の末尾八字である**「あるのだそうだ。」が正解**となります。

なお、脱落文問題は学校によって入る部分の「直前」「直後」のどちらを答えさせるかが異なりやすい設問です。志望校の過去問を数年分研究して「脱落文が出題されるぞ!」と気づいたときは、解答のしかたにも注意を払っておくことをオススメします!

【問三】

正解は「社会通念」となります。設問が「四字で抜き出せ」と指定しており、「本文中でキーワードとなっている四字の言葉といえば、『社会通念』しかないだろう…」と、ある意味解説に困ってしまう（笑）ほど、簡単な設問です。4段落のはじめの方にある「~犬と豚とを区別することは社会通念であり~」という表現が、設問で指定された解答の形式とイコール関係になることも、設問の問いかけ方と本文中の表現の対応関係に着目するという、記述&抜き出しのセオリー通りになっています。

【問四】

傍線部の言い換えを抜き出す設問です。同じ段落の中で、

私たちが	2 一つの社会のなかで	いろいろの物事を	位置づける~分類
=	=	=	=
私たちが	自分の住む社会のなかで	物事を	どのように捉えるか~枠組

というイコール関係が成立していることから、**正解は「自分の住む社会のなかで物事をどのように捉えるかという枠組」**となります。本文では「枠組み」ではなく「枠組」となっていますので、勝手に送りがなの「み」をつけてしまわないよう注意してください。「抜き出し」「書き抜き」は、「文章中の表現をそのまま解答欄に書き写すこと」ですから、抜き出し間違いは減点ではなく、誤答になってしまいます！

★【問五】

この設問で、本文中の語句を用いながら制限字数で解答をまとめていくという、記述解答の作成法をマスターしましょう！

ある程度字数のある記述問題で、減点されにくい解答を作る最大のコツは「後ろから前に向けて解答を構成する」ことです。もちろん、実際に解答用紙のマス目を埋める際は「前から後ろに向かって」なのですが、問題用紙の余白やアタマの中では「後ろから前に向かって」解答を組み立てるとうまくいきます。その際の手順は次のような流れで考えましょう。

〈記述解答の構成法〉

①文末表現→②中心内容→③修飾部分

「後ろから前」が大原則！

解答のイメージ

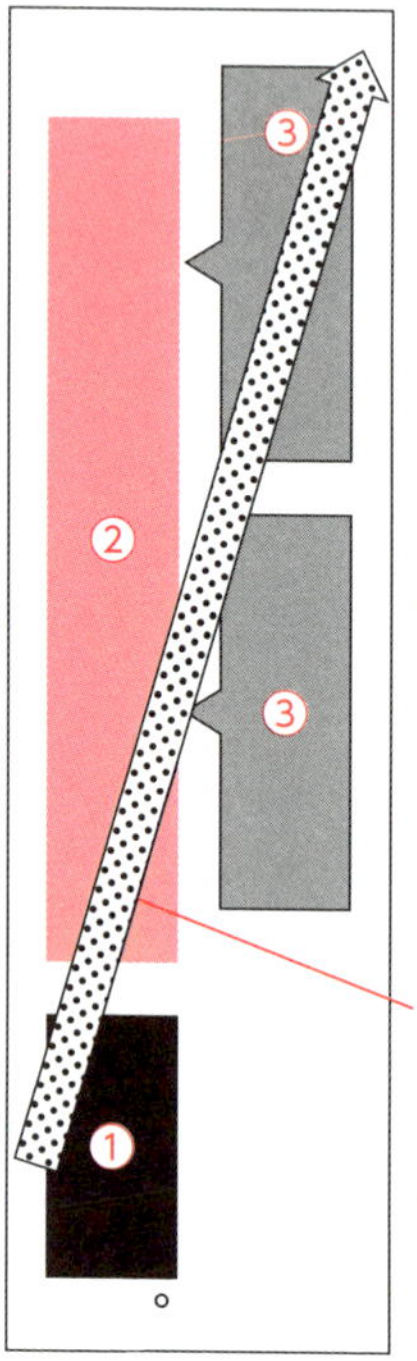

Step ① 「文末表現」の決定

設問の問いかけに対応する文末表現にします。最後のマル（句点）も忘れずに！

（例）どういうことか。——→～こと。

どのような気持ちか。——→～気持ち。

なぜ・どうして・理由——→～から。

※場合によっては、文末を適当な他の体言にすることもあります。

（例）どのような気持ちか　→　～という悲しみ。

～何か　→　という［体言］。

Step ② 「中心内容」の決定

最終的な解答の字数にかかわらず、設問の問いかけに対して、最も簡潔（＝コンパクト）な解答を考えてみます。

Step ③ 「修飾部分」の決定

字数の範囲内で「中心内容」をより詳しく説明する内容を肉づけしていきます。

※ステップ②・③ともに、解答のベースになる部分は、いつもの「設問パターン別の解法」を使って発見していきます！（マークも記述もここは変わりません！）

さて、まずはステップ①「文末表現」です。**設問の問いかけ方の「どういうことか」**に対応させると、**「〜こと。」が文末表現としてふさわしい**ことになります。

次に、ステップ②「中心内容」です。設問のパターンは**「内容説明問題」なので、イコール関係に注目**して本文の構造や内容をチェックします。また、**「指示語乗っかり型」になっているので、まずは傍線部より前の内容に注目**していくことになります。すると、

〜或る経営者が〜

「新入社員を見たら外国人と思え」と言った〜

→ それは、新しく育ってきた若者たちに年長者、役職者のことばや言い分が簡単に通じると思うな、自分たちの基準だけから若者たちを非常識だといって腹を立てるな、という意味〜

それ（指）が3常識の相対化をみとめる〜話だったか、〜

という流れが確認できます。

「**相対化**」はやや難しい言葉ですが、「相対↔絶対」という対義語の関係をもとに考えれば「**絶対化しない、絶対のものと考えない**」という意味であるとわかります。解答に使うわけにはいきませんが、ひとまずはよりやさしくかみ砕いて「**オンリーワンのものではない**」と考えておきましょう。ここまでチェックしてくると「文末表現＋中心内容」で解答の骨格が見えてきます。

《解答の骨格》　常識　が　ひとつではなくなった　こと。

これをもとに、ステップ③「修飾部分」を考えていきます。「常識」は、この語をそのまま解答に使ってしまうと「説明した」ことになりませんから、**本文中で「常識」とはどういう意味で用いられているかをチェックし、言い換える**必要があります。また「ひとつではなくなった」も、これだけでは十分に意味が通じないので、より詳しく述べる必要があります。

ここで、指示語乗っかり型＝前に注目というルールが大活躍です。傍線部の直前で「若者たちに年長者〜通じる」「自分たちの基準」といった表現があることから、**若者と年長者の間には基準の違いがある**ことが確認できます。さらに、その基準とは、ひとつ前の[4]段落に戻ると、傍線部2で「価値の観念や生活の様式」という表現があります。ここから、

《解答の骨格》　常識　が　ひとつではなくなった　こと。

《その肉づけ・言い換え》　価値の観念や生活の様式の基準　　年長者と若者の間で違ったものになっている

といった形で、肉づけとなる内容つまり修飾部分が決定できます。試験本番では、字数を確認し細部を整えたうえで、これを解答欄に清書していけばよいわけです。

記述解答構成の大原則

「①文末表現→②中心内容→③修飾部分」の3ステップで「後ろから前へ」組み立てを考える！

【問六】

問五と同様、本文中の言葉を使ってまとめる記述問題ですが、設問の指定として「誰がどうなるということを明確にして」とあるので、問五に比べればだいぶやさしめの設問になっています。しかもラッキーなことに、またしても「指示語乗っかり型」の設問ですね。

文末表現は「どういうことか」と問われているので「〜こと。」となります。次に、中心内容については、直前に注目すると、

指 そういう〈非常識〉がなくなる（こと）

＝

4 自分たちと同じ言葉を理解し、話すようになる（こと）

という関係が成立していることから「非常識がなくなる」という内容であることが確認できます。

最後の修飾部分については、指示語乗っかり型＝前に注目の原則通り前をチェックしていくと、問五の解答を考える際に確認した部分との関係で、これも簡単に確認できます。

《解答の骨格》　非常識　が　なくなる　こと。

↓

《その肉づけ・言い換え》　年長者のことばや言い分が通じないこと　が　なくなる

［「ない」が繰り返されているのでわかりにくい！］

＝　通じるようになる

↓

［よりわかりやすい表現に言い換える！］

あとは、設問の指定に合わせて「誰が」に相当する情報「若者が」を補います。すると、「若者が言い分が通じる」では意味が通らないので「若者が言い分『を理解する』」と表現を変更する必要があることがわかります。このような形で細部を検討・調整し、最終的な解答へとまとめ上げればよいわけです。

【問七】

論旨判定問題なので、「本文の内容確認」でチェックした内容をふまえて、選択肢を検討していきましょう。

① 〇現代社会は急激な変化に見舞われており、〇社会全体で同じ価値観を共有することが難しくなっている。

②× 常識とは、誰が言い出したのかわからない曖昧なものであり、×信用できないものである。

③× 世代を超えてわれわれがコミュニケーションできるのは、×社会通念や常識が不変であるからである。

④× 常識は、年長者が若者に向かって自分たちの×価値観を強要するために、利用される傾向がある。

⑤× 大人の常識が若者に通じない原因の一つとして、×若者の生活における自然体験の乏しさがあげられる。

筆者は本文のおわりで「社会通念や常識に、世代間のずれが生じてしまった」と述べているわけで、ここから**正解は**①となります。

【解答】

問一　ア　不潔　イ　隔　ウ　家畜　エ　高　オ　講義

問二　あるのだそうだ。

問三　社会通念

問四　自分の住む社会のなかで物事をどのように捉えるかという枠組（28字）

問五　（例）価値の観念や生活の様式の基準が、年長者と若者の間で違ってきているということ。（38字）

問六　（例）新しく育ってきた若者たちが、年長者のことばや言い分を理解するようになること。（38字）

問七　①

さあ、これで評論の問題は終了です。次は随筆にチャレンジしていきましょう！

随筆

問題5

次の文章を読んで、後の問に答えなさい。

　街を歩いていて、小学生の遠足に出くわすことがある。子どもに縁のない暮らしのせいか、そっとリュック・サックを ア サワったり、「何が入っているの。」と尋ねたりする。

「サンドイッチとサラダ！」

「チョコレートにおせんべとガム！」

「お菓子は二百円以内！」

　子どもたちは（　A　）声で教えてくれる。水筒の中身もジュースが イ アットウ的に多い。リュックの形も中身も、私の子ども時代とはずいぶん変わってきているなと思う。

　今のリュックは赤や黄色やブルーのナイロンやしなやかなズック地が多いが、戦前のリュックは、ゴワゴワしたゴム引きのようなズック製だった。私が持っていたのは寝ぼけたような桃色で、背中にアルマイトのコップを下げる環がついていた。駆け出すと、カラカラと音がして（　B　）ような気分になった。リュックの中身もおにぎりか海苔巻とゆで卵。あとはせいぜいキャラメルとウソウバが決まっていた。水筒の中身も湯ざましか番茶だった。

わが家の遠足のお弁当は、海苔巻であった。遠足の朝、お天気を気にしながら起きると、茶の間ではお弁当作りが始まっている。一抱えもある大きな瀬戸の火鉢で、祖母が海苔をあぶっている。黒光りのする海苔を二枚重ねてエタンネンに火取っているそばで、母は巻き簾を広げ、前の晩のうちに煮ておいた干ぴょうを入れて太めの海苔巻を巻く。遠足にゆく子どもは一人でも、海苔巻は七人家族の分を作るのでひと仕事なのである。

五、六本できあがると、濡れ布巾でしめらせたオ庖丁で切るのだが、そうなると私は朝食などそっちのけで（　C　）。海苔巻の両端の、切れっ端が食べたいのである。

海苔巻の端っこは、ご飯の割りに干ぴょうと海苔の量が多くておいしい。ところが、これは父も大好物で、母は少しまとまると小皿に入れて朝刊を広げている父の前に置く。①父は待ちかまえていたように新聞のかげから手を伸ばして食べながら、「生水を飲まないように。」「知らない木の枝にさわるとカブレるから気をつけなさい。」と教訓を垂れるのだが、②こっちはそれどころではない。端っこが父のほうにまわらぬうちにと切っている母の手許に手を出して、「あぶないでしょ。手を切ったらどうするの。」とよくカシかられた。

結局、端っこは二切れか三切れしかもらえないのだが、③私は大人はなんと理不尽なものかと思った。父は何でも真ん中の好きな人で、かまぼこでも羊羹でも端は母や祖母が食べるのが当たり前になっていた。それが、海苔巻に限って端っこがいいというのである。

竹の皮に海苔巻を包む母の手許を見ながら、早く大きくなってお嫁にゆき、自分で海苔巻を作って、端っこを思い切り食べたいものだと思っていた。戦争激化と空襲で キ チュウダンした時期もあったが、それでも小学校・女学校を通じて、遠足は十回や十五回は行っている。だが、どこへ行ってどんなことがあったか、三十数年の ク キオクの彼方に霞んではっきりしない。目に浮かぶのは遠足の朝の、海苔巻作りの ケ コウケイである。

　ひところ、ドラキュラの貯金箱が流行ったことがある。お金をのせると、ジィッと思わせぶりな音がしてふいに小さな青い手が伸びて、陰険というか無慈悲というか、嫌な手つきでお金を引っさらって引っ込む。何かに似ていると思ったら、遠足の朝、新聞のかげから手を伸ばして海苔巻の端っこを食べる父の手を コ レンソウしたのだった。

　われながらおかしくて笑ったが、④ふいに胸の奥が白湯でも飲んだように温かくなった。親子というのは不思議なものだ。こんなたわいない小さな恨みも懐かしさにつながるのである。

（『父の詫び状』　向田邦子）

（注）※ズック地……麻など厚手の生地を用いた布。
※ゴム引き……防水のために、布の表面にゴムを塗ること。
※アルマイト……アルミニウム製品に利用される。
※火取る……火であぶる。
※ドラキュラの貯金箱……昭和中期に流行した玩具。

問一　傍線部ア～コのカタカナは漢字に改め、漢字はひらがなで読みを答えよ。

問二　空欄（　A　）～（　C　）を補うのに最も適切な語を、次のア～オの中から選んで符号で答えよ。

ア　落ち着かない　　イ　怒った　　ウ　気恥ずかしい

エ　弾んだ　　オ　晴れがましい

問三　傍線部①とあるが、当時の、海苔巻を取る父の手の様子に、筆者はどのような印象を抱いたか。その印象が象徴的に示されている表現を、前の文章の中から二十字以内で抜き出して答えよ。

問四　傍線部②の理由として最も適当なものを次の中から一つ選び符号で答えよ。

ア　私の分と決まっていた海苔巻まで父が食べてしまうから。

イ　わがままな父の教訓など、不快なものでしかなかったから。

ウ　父より早く海苔巻の端っこを取ることしか頭になかったから。

エ　この時の私は、父の教訓など聞ける状態ではなかったから。

問五　傍線部③について、ここで「私」がこのように「理不尽」さを感じるのはなぜか。その理由を、次の空欄にそれぞれ十五字以内の表現を文中から抜き出して答えよ。

普段の父は（　①　）であったのに、（　②　）と言うから。

問六　傍線部④とあるが、ここでの筆者の心境の説明として、最も適切なものを、次のア～エの中から選んで符号で答えよ。

ア　子どものころの、父に対する強い怒りも、三十数年もたつと、きれいに忘れてしまうことへの驚き。

イ　海苔巻の端を取られていたという小さな恨みの中に、父とのつながりを実感した、ほのぼのとした気持ち。

ウ　遠足の朝、母や祖母の作る海苔巻の端を独占していた、大人げない父の姿を思い起こし、滑稽に思う気持ち。

エ　幼いころ、海苔巻をめぐって深く父を恨んでいた自身の他愛なさを、懐かしくほほえましく思う気持ち。

問七　本文の内容や表現の説明として適当なものを、次の中から一つ選び、符号で答えよ。

ア　子どもの時の印象深い思い出を回想しながら、当時の「私」のあり方が現在の時点から意味づけられつつ、反省を込めて描かれている。

イ　現在の「私」が小学生の遠足姿から、子どものころの遠足の朝を回想し、懐かしさと父への追慕の念を抱く様子がユーモアのある文体で描かれている。

ウ　父の理不尽なわがままに振り回され、傷つけられた子ども時代が、遠足の朝の出来事を通して、子どもの視点から鮮やかに描き出されている。

エ　陰険だった父をずっと不快に感じていたが、実は愛すべき部分のある人間だったことに気づくまでの「私」の心情の変化が詳細に描かれている。

（長崎歯科衛生士専門学校）

▼本文の内容確認

評論が「意見・考えを論理的に」述べるのに対して、随筆は「気持ち・想いを主観的に」述べる傾向が強くなります。この文章は、そのような随筆の特徴をよく表した、かなり柔らかめの文体で書かれた随筆になっています。こういった文章の場合、読みやすいことに油断して、重要な部分を発見するための読み方をおろそかにしてしまい、それが解答する際にトラブルの原因となる傾向があります。ただ、パート１「読解技法編」で見た通り、評論と随筆は基本的に同じ読み方でよいということを、ここで改めて確認しておいてください。

【テーマ】＝「海苔巻をめぐる思い出」について

●筆者の子ども時代の思い出（遠足の弁当である海苔巻をめぐる思い出）

筆者 ←対比→ 筆者の父

筆者		筆者の父
海苔・干ぴょうが多くおいしい		
↓		
海苔巻の切れ端が大好き		父も切れ端が大好物
↓		↓
切れ端を食べたい		
（だが）	母は切れ端を父のところへ運ぶ	
↓		↓
あまり食べられない		多く食べてしまう
↓		↓

●筆者の想い

《当時》早くお嫁に行き自分で海苔巻を作って端っこを思い切り食べたい　　　父への（小さな）恨み

↓

《最近》［ドラキュラの貯金箱が流行した際、新聞のかげから手を伸ばし海苔巻の切れ端を食べていた父を思い出して笑う］

小さな恨みも懐かしさにつながる、親子とは不思議なものだ　…想いの中心
（評論における主張と同じ）

設問の解答解説

【問一】

順に、ア「触」、イ「圧倒」、ウ「相場」、エ「丹念」、オ「ほうちょう」、カ「叱」、キ「中断」、ク「記憶」、ケ「光景」、コ「連想」となります。クの「記憶」の「憶」は、似た漢字として「臆」「億」がありますので、書き間違いに気をつけましょう。


【問二】

Aは、遠足の小学生が、筆者にリュックの中身を尋ねられて、それに答えている部分です。直前の会話は、すべて感嘆符（！）で終わっていることから、楽しく元気そうな小学生の様子であることがわかり、そこから**解答はエ**と決定できます。

Bは、正直なところ、やや難しめです。ウとオで迷いますが、**正解はオ**となります。ウの「気恥ずかしい」はただ「恥ずかしい」という意味であるのに対し、**オの「晴れがましい」は、**

「晴れやかで誇らしげ」「目立ちすぎて気恥ずかしい」という二つの意味があります。この場合、遠足という特別で楽しい日であること、明るく軽やかな「カラカラ」という音の表現が用いられていることから、前者の意味で「晴れがましい」を用いていると判断すればよいわけです。

Cは、朝食そっちのけで、海苔巻の端っこのことが気になってしかたがない様子を表している部分なので、ここは容易にアが解答であると決定できます。

【問三】

設問の問いかけの中に「〜印象が象徴的に〜」という言葉があり、それが難しい感じを与えているかもしれません。けれども、この場合は「イメージを最もよく表す」程度の意味であり、アタマの中ではそのように言い換えて考えても大丈夫です。

設問は「父の手の様子」に抱いた「印象」を「二十字以内で」とあるので、そういう意味内容の部分を探していくわけですが、いくら文章が短くて柔らかい文体だからといって、何も方針や目標を持たずに答え探しの旅に出てはダメ。評論の場合と同じように考えていきましょう。するとと、本文のおわりから二つ目の⑨段落に、

《傍線部》①父は待ちかまえていたように新聞のかげから手を伸ばして

《9段落》〜何かに似ているなと思ったら、遠足の朝、新聞のかげから手を伸ばして海苔巻の端っこを食べる父の手を連想した〜

イコール関係

という傍線部とイコール関係の部分があるので、この近くに筆者の感じる「父の手のイメージ」を述べたところはないか…と探していくことができます。

すると、同じ段落の中に**「陰険というか無慈悲というか、嫌な手つき」**という表現があり、「陰険」「無慈悲」「嫌」といった言葉は、筆者の「印象、イメージ」を表していることから、**ここを解答として抜き出せばよい**とわかるわけです。

★【問四】

筆者の子ども時代の思い出を述べた部分、つまり「体験談」の中に傍線箇所が作られています。パート2「設問解法編」の「理由説明問題」のところでも触れましたが、評論や随筆でも、筆者の体験談の中に傍線が引かれて理由が問われたときに、小説的に解くことが必要なケースがあります。そして、この問四がまさにそのパターンです。

小説の理由説明問題では、「事件→心情→行動」の構造に注目し、矢印を逆にさかのぼるようなイメージで考えていけばよいということを確認してもらいました（→78ページ）。この設問では、子ども時代の筆者の「様子・行動」を表す部分が傍線部になっているので、そこから矢印を前にさかのぼる、つまり「事件」と「心情」にあたる部分が解答を決定するためのヒントであることがわかります。また、傍線部に「それ」という指示語が含まれている、**指示語内蔵型の設問パターンになっているので、傍線部よりも前の内容がヒントの可能性が高い**ことも確認できます。そこで、これらをもとに本文をチェックしていくと、

事件	海苔巻の端っこを父がどんどん食べてしまう
↓	
心情	？
↓	
行動	父の教訓を聞く ・それどころではない ・庖丁で海苔巻を切っている母の手許に手を出して叱られる

★事件と行動のサンドイッチでここに入る心情を把握することがポイント！

という構造が確認できます。ここから、**「私の大好きな海苔巻の端っこを、お父さんがどんどん食べちゃう。だから、お父さんが食べる前に、お母さんのところへ行って海苔巻の端を食べ**

てしまおう」という気持ちが読み取れますよね。よって、**正解はウ**となります。

体験談の中の傍線部、特に理由説明のときは…

評論や随筆であっても、「小説的な解き」が必要な可能性があるので注意！

【問五】

問四に引き続き理由説明問題ですが、この設問は空欄に入る語句を抜き出す形で解答するため、空欄補充問題の要素もあると言えます。傍線部の直後に、解答の文とイコール関係の部分があることに気がつけば、

普段の父は（　①　）であった　のに、（　②　）と言うから。
父は～が当たり前になっていた。　それが、　海苔巻に限って端っこがいいという～

という関係から、①は「何でも真ん中の好きな人」、②は「海苔巻に限って端っこがいい」が解答であるとわかります。

【問六】

傍線部には「胸の奥が～温かくなった」とあり、それに関係する心情は、直後で「親子というのは～懐かしさに～」と述べられています。つまり、**海苔巻をめぐる父とのやりとりを思い出して懐かしくなっている**、というのがここでの筆者の心情なのです。ここから、**正解はイ**となります。

【問七】

本文は、大きく**「過去」について述べている部分と「現在」について述べている部分**に分けることができます。それらをつなぐ**手がかりは「遠足」「海苔巻」「父」です**（まるで落語の「三題噺《ばなし》」みたいですが…）。

この文章を書いているいま、目の前にいる「遠足の小学生」を見て、昔自分が小学生だったときの遠足のことを思い出し、その思い出の中に海苔巻・父が登場します。そして、過去の思い出話から現在に戻り、締めくくりの部分では、父のことを思い出しながら胸が温かくなっていることが読み取れます。これらをもとに選択肢を判断していきましょう。

ア　子どもの時の印象深い○思い出を回想しながら、×当時の「私」のあり方が現在の時点から意味づけられつつ、×反省を込めて描かれている。

イ　現在の「私」が小学生の遠足姿から、○子どものころの遠足の朝を回想し、○懐かしさと父への追慕の念を抱く様子がユーモアのある文体で描かれている。

ウ 父の理不尽なわがままに振り回され、傷つけられた子ども時代が、遠足の朝の出来事を通して、子どもの視点から鮮やかに描き出されている。

エ 陰険だった父をずっと不快に感じていたが、実は愛すべき部分のある人間だったことに気づくまでの「私」の心情の変化が詳細に描かれている。

「追慕《ついぼ》」とは「死者や遠く離れて会えない人をなつかしむ」という意味で、最終段落で述べられている「父に対する懐かしさ」に言及できているのはこの選択肢だけですので、**解答はイ**となります。

【解答】

問一 ア 触 イ 圧倒 ウ 相場 エ 丹念 オ ほうちょう
　　 カ 叱 キ 中断 ク 記憶 ケ 光景 コ 連想

問二 A エ B オ C ア

問三 陰険というか無慈悲というか、嫌な手つき（19字）

問四 ウ 問五 ① 何でも真ん中の好きな人（11字） ② 海苔巻に限って端っこがいい（13字）

問六 イ 問七 イ

評論、随筆ときて、いよいよ次は実践編のラスト、小説にチャレンジです！

小説

問題 6

次の文章を読んで、あとの問いに答えなさい。

〔私は、昔さまざまな問題を起こし、父親代わりの長兄の怒りを買い生家から縁を切られたが、母が危篤とのことで生家の人達とは初対面の妻子を連れ帰郷した。〕

その時、ふと、隣室の母を見ると、母は口を力無くあけて肩で二つ三つ荒い息をして、そうして、痩せた片手を蠅（はえ）でも追い払うように、ひょいと空に泳がせた。変だな？ と思った。私は立って、母のベッドの傍へ行った。他のひとたちも心配そうな顔をして、そっと母の枕頭に集って来た。

「時々くるしくなるようです。」看護婦は小声でそう説明して、掛《かけ》蒲《ぶ》団《とん》の下に手を入れて母のからだを懸命にさすった。私は枕もとにしゃがんで、どこが苦しいの？ と尋ねた。母は、幽《かす》かにかぶりを振った。

「がんばって。園子の大きくなるところを見てくれなくちゃア__ダメ__ですよ。」私はてれくさいのを怺《こら》えてそう言った。

突然、親戚のおばあさんが私の手をとって母の手と握り合わさせた。私は片手ばかりでなく、両方の手で母の冷い手を包んであたためてやった。親戚のおばあさんは母の掛蒲団に顔を押しつけて泣いた。叔母も、タカさん（次兄の嫂《あによめ》の名）も泣き出した。私は口を曲げて、こらえた。しばらく、そうしていたが、どうにも我慢出来ず、そっと母の傍から離れて廊下に出た。廊下を歩いて洋室へ行った。洋室は寒く、がらんとしていた。白い壁に、罌粟《けし》の花の油絵と、裸婦の油絵が掛けられている。マントルピイスには、下手な木彫が一つぽつんと置かれている。ソファには、豹の毛皮が敷かれてある。椅子もテエブルも絨氈《じゅうたん》も、みんな昔のままであった。A私は洋室をぐるぐると歩きまわり、いま涙を流したらウソだ、いま泣いたらウソだぞ、と自分に言い聞かせて泣くまい泣くまいと努力した。こっそり洋室にのがれ来て、ひとりで泣いて、あっぱれ母親思いの心やさしい息子さん。キザだ。思わせぶりたっぷりじゃないか。そんな安っぽい映画があったぞ。三十四歳にもなって、なんだい、心やさしい修治さんか。甘ったれた芝居はやめろ。いまさら孝行息子でもあるまい。わがまま勝手の検束をやらかしてさ。よせやい。泣いたらウソだ。涙はウソだ、と心の中で言いながら懐手《ふところで》して部屋をぐるぐる歩きまわっているのだが、いまにも、嗚咽《おえつ》が出そうになるのだ。私は実にⓐ閉口した。煙草を吸ったり、鼻をかんだり、さまざまイクフウして頑張って、とうとう私は一滴の涙も眼の外にこぼれ落さなかった。

日が暮れた。私は母の病室には帰らず、洋室のソファに黙って寝ていた。この離れの洋室は、いまは使用していない様子で、スウィッチをひねっても電気がつかない。B私は寒い暗闇の中にひとりでいた。北さんも中畑さんも、離れのほうへ来なかった。何をしているのだろう。妻と園子は、母の病室にいるようだ。今夜これから私たちは、どうなるのだろう。はじめの予定では、北さんの意見のとおり、お見舞いしてすぐに金木を引き上げ、その夜は五所川原の叔母の家へ一泊という事になっていたのだが、こんなに母のヨウタイが悪くては、予定どおりすぐ引き上げるのも、かえって気まずい事になるのではあるまいか。とにかく北さんに逢いたい。北さんは一体どこにいるのだろう。兄さんとの話が、いよいよややこしく、もつれているのではあるまいか。私は居るべき場所も無いような気持だった。

　妻が暗い洋室にはいって来た。

「あなた！　かぜを引きますよ。」

「園子は？」

「眠りました。」病室の控えの間に寝かせて置いたという。

「大丈夫かね？　寒くないようにして置いたかね？」

「ええ。叔母さんが毛布を持って来て、貸して下さいました。」

「どうだい、みんないいひとだろう。」

「ええ。」けれども、やはり不安の様子であった。「これから私たち、どうなるの？」

「わからん。」

「今夜は、どこへ泊るの？」

「そんな事、僕に聞いたって仕様が無いよ。いっさい、北さんの指図にしたがわなくちゃいけないんだ。十年来、そんな習慣になっているんだ。北さんを無視して直接、兄さんに話掛けたりすると、騒動になってしまうんだ。そういう事になっているんだよ。わからんかね。僕には今、なんの権利も無いんだ。トランク一つ、持って来る事さえできないんだからね。」

「なんだか、ちょっと北さんを恨んでるみたいね。」

「ばか。北さんの好意は、身にしみて、わかっているさ。けれども、北さんが間にはいっているので、僕と兄さんとの仲も、妙にややこしくなっているようなところもあるんだ。どこまでも北さんのお顔を立てなければならないし、わるい人はひとりもいないんだし、――」

「本当にねえ。」妻にも少しわかって来たようであった。「北さんが、せっかく連れて来て下さるというのに、おことわりするのも悪いと思って、私や園子までお供して来て、それで北さんにご迷惑がかかったのでは、私だって困るわ。」

「それもそうだ。うっかりひとの世話なんか、するもんじゃないね。僕という ⓑ難物の存在がいけないんだ。全くこんどは北さんもお気の毒だったよ。わざわざこんな遠方へやって来て、僕たちからも、また、兄さんたちからも、そんなに有難がられないと来ちゃ、さんざんだ。僕たちだけでも、ここはなんとかして、北さんのお顔の立つように一クフウしなければならぬところなんだろうけれど、あいにく、そんな力はねえや。下手に出しゃばったら、滅茶々だ。まあ、しばらくこうして、まごまごしているんだね。お前は病室へ行って、母の足でもさすっていなさい。おふくろの病気、ただ、それだけを考えていればいいんだ。」

C妻は、でも、すぐには立ち去ろうとしなかった。暗闇の中に、うなだれて立っている。こんな暗いところに二人いるのを、ひとに見られたら、はなはだⓒ具合がわるいと思ったので私はソファから身を起して、廊下へ出た。寒気がきびしい。ここは本州の北端だ。廊下のガラス戸越しに、空を眺めても、星一つ無かった。ただ、ものものしく暗い。私はエムショウに仕事をしたくなった。なんのわけだかわからない。よし、やろう。オイチズに、そんな気持だった。

　嫂が私たちをさがしに来た。

「まあ、こんなところに！」明るい驚きの声を挙げて、「ごはんですよ。美知子さんも、一緒にどうぞ。」嫂はもう、私たちに対して何の警戒心も抱いていない様子だった。私にはそれがひどくたのもしく思われた。なんでもこの人に相談したら、間違いが無いのではあるまいかと思った。

　母屋の仏間に案内された。床の間を背にして、五所川原の先生（叔母の養子）それから北さん、中畑さん、それに向い合って、長兄、次兄、私、美知子と七人だけの座席が設けられていた。

「速達が行きちがいになりまして。」私は次兄の顔を見るなり、思わずそれを言ってしまった。次兄は、ちょっと首肯《うなず》いた。

　北さんは元気が無かった。浮かぬ顔をしていた。酒席にあっては、いつも賑やかな人であるだけに、その夜の浮かぬ顔つきは目立った。やっぱり何かあったのだな、と私は確信した。

それでも、五所川原の先生が、少し酔ってはしゃいでくれたので、座敷は割に陽気だった。私は腕をのばして、長兄にも次兄にもお酌をした。私が兄たちに許されているのか、いないのか、もうそんな事は考えまいと思った。私は一生ゆるされるはずはないのだし、また、許してもらおうなんて、虫のいい甘ったれた考えかたは捨てる事だ。D結局は私が、兄たちを愛しているか愛していないか、問題はそこだ。愛する者は、さいわいなる哉《かな》。私が兄たちを愛して居ればいいのだ。みれんがましい慾の深い考えかたは捨てる事だ、などと私は独酌で大いに飲みながら、たわいない自問自答を続けていた。

（『故郷』一部改変　太宰治著）

問一　傍線部ⓐ～ⓒの本文中の意味として最も適当なものをそれぞれ選び、記号で答えなさい。

ⓐ　閉口した

ア　悩んでしまった　イ　戸惑った　ウ　困り果てた　エ　沈黙した
オ　考えあぐねた

ⓑ　難物

ア　素直ではない人　イ　ゆとりがない人　ウ　理解しがたい人
エ　頑固な人　オ　扱いにくい人

ⓒ　具合がわるい

ア　不適切だ　イ　不都合だ　ウ　不適当だ　エ　不条理だ　オ　不本意だ

問二　傍線部Ａ「私は洋室をぐるぐると歩きまわり、いま涙を流したらウソだ、いま泣いたらウソだぞ、と自分に言い聞かせて泣くまい泣くまいと努力した。」とあるが、私がそうしたのはなぜか。その説明で最も適当なものを次の中から選び、記号で答えなさい。

ア　素直に母と向き合う前に、親戚の人達の雰囲気に流されてしまい、そこで涙を流すことは、周りの人達をだますことになると思われたから。

イ　実家の人達の気遣いは有り難いと思っているが、自分の弱さは周りの人達に見せたくないという思いとがぶつかりあっているから。

ウ　自分は母や兄弟に対して昔と同じ想いでいるが、周りの人達の和解させようという雰囲気に乗せられている自分に自己嫌悪を感じているから。

エ　今の自分は立場上、他の親族と同じに振る舞うのは、差し障りがあるし、人目を忍んで泣くのもありきたりで恥ずかしいと思われるから。

問三　傍線部Ｂ「私は寒い暗闇の中にひとりでいた」とあるが、この時の「私」の心情の説明で適当でないものを一つ選び記号で答えなさい。

ア　とりあえずは母と会えたが、病状が重く、北さん達も離れに来ないことから、当初の予定通りには行かないのではないかと不安に思っている。

イ　母の病状は気がかりだが、長年生家を出て自由な生活をしてきた私は、母を心配する資格があるのかと自問し、昔の事で振り回されている不可解さを実感している。

ウ　親族達と離れた場所に一人で閉じこもることで、動揺を静め、迷惑を掛けた自分の昔から今までに思いをめぐらしている。

エ　母の病気で突然実家に行く事になったが、兄達が私達夫婦をどのような気持ちで受け入れているのか分からず、どうしたらよいか戸惑っている。

問四　傍線部C「妻は、でも、すぐには立ち去ろうとしなかった。」とあるが、この時の妻の心情の説明として最も適当なものを選び、記号で答えなさい。

ア　子供も眠り夫と二人でいると不安が募るばかりなのに、夫は姑の心配ばかりでかまってくれず、納得がいかない気持ちでいる。

イ　始めから夫が単なる強がりを言っているのに気づいていたが、夫の言葉を素直に受け入れられず、早く自宅へ帰りたいと思っている。

ウ　旧家の嫁でありながら今回初めての帰郷なので居心地が悪く、嫁として家族の前で積極的にふるまってよいのか迷っている。

エ　夫の言っている事は理解できるが、生家での自分達二人の微妙な立場を考えると心細さがぬぐえず、進んで生家の人達と交わる勇気がもてないでいる。

問五　傍線部D「結局は私が、兄たちを愛しているか愛していないか、問題はそこだ。」とあるが、それはどういうことか。その説明として最も適当なものを次の中から選び、記号で答えなさい。

ア　自分が兄達を愛する事が出来ると確信した時、今までの問題も含めて一気に解決するはずだということ。

イ　生家の人達が最終的に聞いてくるのは、自分が今どうかというよりも、兄達に愛情があるかどうかだということ。

ウ　兄達が許してくれるかどうか気を使うより、自分が兄達に深い愛情を持つ姿勢を貫く事が何よりも大切だということ。

エ　自分と兄達の問題を解決するためには、自分がいかに兄達を愛しているか伝えることが大切だということ。

問六　本文中のア〜オのカタカナを漢字で答えなさい。

問七　次の中から太宰治と関係のないものを二つ選び、記号で答えなさい。

ア　新感覚派　　イ　人間失格　　ウ　和解　　エ　無頼派　　オ　斜陽

（埼玉医科大学短期大学）

小説では本文全体を構造的に整理する必要はありませんので、設問を解きながら、関係する部分をどんどん見ていくことにしましょう！

▼設問の解答解説

【問一】

センター試験の小説と同様の、語句の意味説明問題です。このような設問では、辞書的な意味を最優先に考え、それだけで決定できないときは文脈情報を加味して考えることがポイントでした。それぞれの辞書的な意味は、

・ⓐ「閉口」＝「どうしようもできずに困る」
・ⓑ「難物」＝「取り扱いにくい事物や人物」
・ⓒ「具合」＝「都合／加減／方法」

となります。辞書的な意味だけで、**ⓐはウ**、**ⓑはオが正解**と決定できます。

一方、ⓒは辞書にも多くの意味が挙げられているため、やや迷うところです。そこで本文に戻ってチェックすると、ⓒの直前に「こんな暗いところに二人いるのを、ひとに見られたら～」とあり、夫婦が二人だけで人目を避けるように話をしているところを見られることを心配していることがわかるので、ここから**ⓒの正解はイ**と決定できます。

★【問二】

傍線部には「言い聞かせ」「努力し」という「私」の行動が記されており、それについて「なぜ」と理由が問われています。小説の理由説明問題では、「事件→心情→行動」の構造に注目し、矢印を逆にさかのぼるようなイメージで考えていけばよい、ということをパート2「設問解法編」でチェックしてもらいました。その構造で本文の情報を整理していくと、

事件 ↓	私が母の手を握ると、周囲にいた人たちが泣き出した
心情 ↓	?
行動	A ～自分に言い聞かせて泣くまい泣くまいと努力した

という流れが見えてきます。「事件」にあたる部分は傍線部の前をまとめるだけで簡単に確認できるので、解答決定のためには「心情」をつかむことがポイントになりそうです。

右の囲みで、**「周りの親族は泣いているが、『私』はその人たちと同じように泣いてはいない、むしろ、泣かないようにしている」**ということまではすぐに確認できるのですが、**「なぜ、私は他の人たちと同じように泣かない（泣けない）のだろう？」**という点は本文中で十分には見えてきません。実はここに、この設問を通じて学んでほしいポイントがあるのです。

ある小説の数ページを問題として切り取った場合、そこまでのあらすじ、登場人物の置かれている状況など、内容理解や解答決定に必要な情報が不足することがあります。そのような場合、問題作成者は「前書き」にあたる部分に不足する情報を補うのです（そうでないと、問題として成立しませんからね）。よって、小説の問題では、本文以上に前書きに大きなヒントが隠されていることがあります。

この文章でも、前書きに、

> 私は、昔さまざまな問題を起こし、～生家から縁を切られ～

とあり、ここが解答決定の大きなカギとなっています。**生家の人々と絶縁状態だった「私」は、自分が昔起こした問題を棚に上げて、それらの人々と同じように振る舞うことに抵抗を感じているわけです。**

また、傍線部の後を見ると、**「キザ」「安っぽい映画」「甘ったれた芝居」という表現があり、自分が泣くことをそのようにとらえている**、という点も「私」の心情をおさえるうえでのポイントになります。これらをもとに、選択肢をチェックしていきましょう。

ア　素直に母と向き合う前に、親戚の人達の雰囲気に流されてしまい、そこで涙を流すことは、×周りの人達をだますことになると思われたから。

イ　実家の人達の気遣いは有り難いと思っているが、×自分の弱さは周りの人達に見せたくないという思いとがぶつかりあっているから。

ウ　自分は母や兄弟に対して昔と同じ想いでいるが、×周りの人達の和解させようという雰囲気に乗せられている自分に自己嫌悪を感じているから。

エ　今の自分は○立場上、他の親族と同じに振る舞うのは、差し障りがあるし、人目を忍んで○泣くのもありきたりで恥ずかしいと思われるから。

「他の親族との隔たり」「自分が泣くことに対してどう思っているか」の二点について、ここまでふまえてきた内容が述べられている選択肢を選べば、**正解はエ**ということになります。

小説の問題文に「前書き」がついているときは…

前書きには内容理解・解答決定に必要な情報が凝縮してまとめられている場合が多いので、前書きの内容もしっかりチェックを！

【問三】

「適当でないもの」という設問の指定に注意しましょう（…と言われて「えっ！」となった方、本番の入試でなかったことを幸いと思いましょう！）。イは**「昔の事で振り回されている不可解さ」に相当する内容が本文中からは読み取れない**ことから、この部分が×と判断できます。他の選択肢は、傍線部Bから傍線部Cにかけての「私」と「妻」の会話のやりとりに含まれる内容から○と判断できます。よって、**正解はイ**となります。

★【問四】

「妻」の心情を答える問題です。小説の定番「事件↓心情↓行動」で本文情報を整理していきましょう。すると、

事件	夫に「病室で母の足をさすっているように」と言われる
↓	
心情	？
↓	
行動	c ～でも、すぐには立ち去ろうとしなかった ＋ 暗闇の中に、うなだれて立っている

★二つの行動は同一の心情から生じたもの！

という構造が確認できます。簡単に言えば、**「妻」は「夫（私）」の言葉に従わず、その場所に居続けている**わけです。ここで、

・「病室の母の足をさする」＝夫ぬきで夫の生家の人々と交流することになる
・「うなだれる」＝「心配や落胆などの心情から力なくうつむく」という意味
「立ち去ろうとしなかった」のと同じ心情から出た行動

であることに注目しましょう。

特に、傍線部直後の「うなだれて立っている」という表現も「妻」の行動であることに気づけば、「立ち去らない」「うなだれて立つ」は、**同一場面における同一人物の行動であるので、同一の心情から生じているはずだ**と考えることができます。これらから、選択肢を検討していきましょう。

ア　子供も眠り夫と二人でいると不安が募るばかりなのに、×夫は姑の心配ばかりでかまってくれず、納得がいかない気持ちでいる。
イ　始めから×夫が単なる強がりを言っているのに気づいていたが、夫の言葉を素直に受け入れられず、×早く自宅へ帰りたいと思っている。
ウ　旧家の嫁でありながら今回初めての帰郷なので居心地が悪く、嫁として家族の前で積極的にふるまってよいのか×迷っている。
エ　夫の言っている事は理解できるが、○生家での自分達二人の微妙な立場を考えると心細さがぬぐえず、進んで○生家の人達と交わる勇気がもてないでいる。

アの「納得がいかない」、イの「早く自宅へ帰りたい」、ウの「迷っている」は、いずれも妻の心情から大きくズレています。一方、エに関しては「心細さ」「交わる勇気がもてない」など、チェックしてきた内容をきちんとふまえていますので、**正解はエ**となります。

【問五】

これはかなりやさしめの設問です。傍線部の直後に「私が兄たちを愛して居ればいいのだ」「慾の深い考えかたは捨てる事だ」とあることに注目するだけでOKです。

ア　自分が兄達を愛する事が出来ると確信した時、×今までの問題も含めて一気に解決するはずだということ。

イ×　生家の人達が最終的に聞いてくるのは、自分が今どうかというよりも、×兄達に愛情があるかどうかだということ。

ウ　兄達が許してくれるかどうか気を使うより、○自分が兄達に深い愛情を持つ姿勢を貫く事が何よりも大切だということ。

エ　自分と兄達の×問題を解決するためには、自分がいかに兄達を愛しているか×伝えることが大切だということ。

イは、愛情を持つのが「私」ではなく「兄達」と逆になっているので、真っ先に消すことができます。アとエは「問題を解決」という言い方が「慾を捨てる」という内容と矛盾することから×と判断できます。よって、**正解はウ**となります。

【問六】
アは「駄目」、イは「工夫」、ウは「容体（容態）」、エは「無性」、オは「一途」が解答です。ウは「ようたい」よりも「ようだい」と読むことの方が一般的です。また、エは「無償」という同音異義語もあるので、書き間違いに気をつけましょう。

【問七】
この設問は、作品名だけでなく文芸流派の知識も要求されるため、文学史の問題としては難しめですね。『和解』は志賀直哉の作品、「新感覚派」は川端康成や横光利一といった作家が所属していたグループで太宰には関係ありません。よって、**正解はア・ウ**となります。

暗記モノ（国語常識・知識事項）は、志望校の過去問をチェックし、どのような分野がどのように出題されるかをわかったうえで対策をすれば時間やエネルギーのムダを省くことができます。文章題でゲットしても、暗記モノでゲットしても1点は1点。現代文の得点力の土台を固めるためにも、しっかりと方針を持って対策していきましょう！

【解答】

問一 ⓐ ウ ⓑ オ ⓒ イ

問二 エ

問三 イ

問四 エ

問五 ウ

問六 ア 駄目 イ 工夫 ウ 容体（容態） エ 無性 オ 一途

問七 ア・ウ

PART
4

補遺　国語常識

看護医療系の短大・専門学校の入試では、「国語常識」と言われる分野（知識事項や暗記モノと呼ばれることもあります）の出題が、一般の大学入試などと比べると多い傾向にあります。

そこで、ここでは国語常識の分野と、その攻略のコツを簡単にまとめておくことにします。

国語常識については、この本と同じ「メディカルVブックス」シリーズに『看護・医療系の国語常識』という参考書があります。僕と同じ予備校に出講している石関直子先生がお書きになったもので、同じ科目を教えている僕の目から見ても非常によくまとまっている本ですので、ぜひそちらもあわせて使用することをオススメします！

▼国語常識は、着手する順序も大事です！

多くの学校で必ず出題されるといっても過言ではない漢字の読み・書きは、チェックする範囲も広いため、問題集に一回ざっと目を通しただけで完璧に、とはいきません。忘れては覚え…と、一冊の問題集を何度も繰り返すことで定着させていく必要があります。一方、口語文法や敬語といった分野は、さほど出題される学校が多いわけではなく、出題パターンも限定的なので、ちょっとコツをおさえるだけで得点につながる可能性の高いものです。このように「国語常識」とひとくくりにされる内容でも、その分野によって「いつ」「何を」「どのように」学習していくかは大きく異なります。ただやみくもにアタマに詰め込むだけ…という、効率の悪い学習法にならないよう、文章読解と同じく、国語常識の分野もきちんとした「戦略」を持って学習に臨むことが勝利のカギとなります。

僕は、予備校の教室で受講生の皆さんには、

1 漢字 → 2 語句 → 3 文学史 → 4 文法・敬語

広い（多い）	← 範囲（分量） →	狭い（少ない）
高い	← 反復学習の必要性 →	さほど高くない
早め	← 着手する時期 →	直前でもOK

の順序で取り組むのが効率的である、という指導をしていますので、ここでも、その順序に従って、各分野の学習上のポイントを整理していくことにしましょう！

▼「完璧主義」を目指してはいけません！

皆さんがチャレンジし、突破するのは「入試」である以上、満点を取る必要はありません。皆さんに必要とされているのは、「合格ラインを上回る得点」をゲットすることなのです。したがって、国語常識の分野では7～8割程度のカバー率を安定的にキープできるようにすることを目標にしましょう。逆に、重箱の隅をつつくような難解なものは「こんなの、解答できなくても合否に影響するものではないさ！」くらいに考え、あまり気にせずに学習を進めていくようにしてください。

漢字

漢字の問題は、解答欄に漢字や読みがなを書く形式のものと、センター試験のように選択肢から選ぶ形式のものがあります。出題者の目線に立つと、一行の例文を作ってその中で問う形式の学校はともかく、文章題の中に漢字の問題を作る場合、「ここに問題を作りたい！」と思う箇所があるのです。この本を手にとってくれた皆さんだけにそっと教えましょう…というほどのことではないのですが（笑）、それは①「同音異義語」、②「似た漢字が複数あるもの」、③「世間一般で読み間違いが多いもの」の三つです。①・②は書きの問題で、③（一部②も）は読みの問題で出題されます。

▼同音異義語

たとえば文中の傍線部に「ホショウする」とあった場合「保証」「保障」「補償」の三つをアタマに思い浮かべたうえで、それらの意味の違いをおさえながら「この文脈ではこの意味だから、正解はこれだ！」と考えていく必要があります。結果として解答欄に書く熟語は、簡単な漢字の組み合わせなのですが、意味の違いをおさえないと正解が出せないという点で、出題者にとっては、受験生の皆さんの総合的な国語力を問える「オイシイ」問題となるわけです。

▼似た漢字が複数あるもの

「敵」「適」「滴」「摘」のように読みが同じで部首が違うもの、「逐（チク）」「遂（スイ）」「墜（ツイ）」のように読みは違うが漢字の一部に似た部分があるもの、の二つがよく狙われます。

▼世間一般で読み間違いが多いもの

「暫時（ざんじ＝しばらくの間）」と「漸次（ぜんじ＝次第に）」のように意味の違いも関係するものと、「代替（×だいがえ、○だいたい）」「相殺（×そうさつ、○そうさい）」のように、単純に読みの問題だけのものがあります。

語句

語句の問題には、「四字熟語・故事成語」、「ことわざ・慣用句」、「カタカナ語」、「読解重要語」があります。いずれも、まずは語句の意味をしっかりおさえることが出発点です。そのうえで、それぞれのチェックポイントをまとめることにしましょう。

▼四字熟語・故事成語

前項の「漢字」と同じく、読みや書きの問題として出題されることが大半です。

▼ことわざ・慣用句

意味に関連して「同じ意味のもの」「反対の意味のもの」をグループ化してチェックしましょう。たとえば「後は野となれ山となれ」と「立つ鳥跡を濁さず」は反対の意味のもの、「医者の不養生」と「紺屋《こうや》の白袴《しろばかま》」は似た意味のもの、といった具合です。また、「気の置けない（×遠慮できない、○遠慮のいらない）」のように「世間一般で誤用の多いもの」も比較的問われやすい傾向にあります。また、慣用句では「頭」「足」など、身体の一部を用いたものがよく問われます。

▼カタカナ語

「パラドクス＝逆説」「シンボル＝象徴」と、カタカナ語と熟語を対応させているだけでは不十分です。「パラドクス＝逆説＝誤っているように見えて実は真理を表現したもの」「シンボル＝象徴＝形のないものを形のあるもので表すこと」のように、自分なりにわかりやすくかみ砕いた意味もあわせてチェックしておくと、文章の内容理解の際にも役立ちます。

▼読解重要語

類義語の知識はまず求められませんが、「具体↔抽象」「相対↔絶対」「分析↔総合」のような対義語の関係にある語をセットで確認することが大切です。また、意味を理解する際は「カタカナ語」と同様、自分に理解できる形にかみ砕いて意味を確認しておくとよいでしょう。

文学史

入試科目が「現代文」や「国語（古文・漢文を除く）」となっている場合、本来なら「古典文学史」は出されない…はずなのですが、実際には出題されているケースも散見されます。そこで、日本文学史は「古典文学史」と「近代文学史」に分けて、さらに「外国文学史」を加えて考えていくことにしましょう。

▼古典文学史

「成立時代―作品名―ジャンル―作者」をセットにして覚えることが基本です。中でも、「初（最古）の～」「三大～」と呼ばれる作品や作者は、特に重要度の高いものです。たとえば、『竹取物語』は最古の作り物語、『土佐日記』は最古の日記文学という点で日本文学を代表する作品であるので、文学史の問題で非常によく見かけます。また「万葉・古今・新古今」はセットで「三大和歌集」、「枕草子・徒然草・方丈記」は「三大随筆」と呼ばれる作品群なので、これらについては成立時代や作者（編者）などを混同しないよう注意してチェックしておくとよいでしょう。

▼近代文学史

日本の場合、明治以降を近代と呼びますので、近代文学史といった場合、明治以降の作家や作品を指します。近代文学史では「～主義」「～派」といったグループ（文芸流派）が作品の内容に深く関係していることも多いため、「作者名―グループ名―作品名」をセットにして覚えるとよいでしょう。たとえば「武者小路実篤は〈白樺派〉の作家で、代表作は『友情』である」…といった具合です。

▼外国文学史

海外の文学史の場合、時代区分は問題で問われることはありませんが、どこの国の作家なのかはおさえておいた方がよいケースも（一部ですが）あります。そこで、「作者名―国名―作品名」をセットにして覚えておくようにしましょう。

文法・敬語

▼文法

文学史では「古典文学史」が出題されることはあっても、文法で「古典文法」が出題されることは…当然ありません（笑）。ここでいう文法は「口語《こうご》文法」つまりは現代語の文法です。文法の出題は「意味用法の識別」と「品詞の識別」に大別できます。前者は「傍線をつけた『ない』と同じはたらきのものを選べ」といった出題、後者は文中の単語につけられた傍線から、名詞や動詞などに分類して答える出題となります。どちらの種類にせよ、文法の設問として問えることには限りがあり、それゆえに「こう問われたらこう考える！」といった、ごくわずかな解法パターンを覚え、その後類題で練習する程度で十分でしょう。

▼敬語

日本語の敬語は、大きく分類すると「尊敬語」「謙譲語」「丁寧語」の三種があります。このうち、入試で特に狙われるのは「尊敬語と謙譲語の区別」になります。設問の問いかけ方は「正しいものを選べ」「間違っている箇所を正しく書き改めよ」など様々ですが、結局のところ、尊敬語（相手に用いる）と謙譲語（自分に用いる）の違いを正しく理解していれば簡単に正解できる問題ばかりなのです。「食べる」「見る」「行く」など基本的な動作を表す言葉には、「尊敬語専用の別の言い方」「謙譲語専用の別の言い方」が存在します。たとえば「食べる→召し上がる（尊）、いただく（謙）」「見る→ご覧になる（尊）、拝見する（謙）」のように、尊敬語・謙譲語で言い換えるとどういう言葉になるかをしっかり確認しましょう。あとは、文法と同様、類題を練習すればOKです！

国語常識は、志望校の過去問を数年分集めて検討すれば、どの分野がどのような形式で出題されるか、すぐに確認ができます。まずは過去問をチェックして、自分の志望校で多く出題される分野はどこかを確認してみましょう！　そうすれば、ここで触れた分野のうち、どこに皆さん自身が学習の重点を置くべきかがきっと見えてくるはずです！

読解技法のまとめ

1 イコール関係

何度も出てくる言葉や表現、形を変えて繰り返される内容を見つけたらチェック！

2 対比関係

二つのものを比べながら論じるパターンでは、「相違点」「共通点」を述べているところがあったらチェック！

3 例と論

「例（具体例・体験談・引用）」が出てきたら、「例」の範囲を確認し、「例」のはじまる直前・「例」がおわった直後に注目！

4 疑問―答え

- 「疑問―答え」の対応関係があったら「答え」の部分に注目！

・「答え」のない疑問表現「ないか・まいか」は、間接的に筆者の主張を示すので、疑問の部分そのものに注目！

5 強調表現

強調表現の使われている部分があったら、そこに注目！

代表型

熟語バージョン……大切・重要・必要・不可欠

ひらがなバージョン……べき・ならない　など

6 譲歩構文

「たしかに・もちろん・むろん・なるほど」があり、その後に〈逆接〉の語があったら、〈逆接〉より後の部分に注目！

7 要約の接続語

・「つまり・このように・要するに」があったら、その後ろに注目！
・段落や文章のおわりの方にある「つまり・このように・要するに」の後ろは特に重要！

設問解法のまとめ

設問パターン❶

接続語問題

Step 1 選択肢にある接続語について、どのような「つながり方」を表すのかをチェック！

Step 2 空欄前後の内容に注目し、その「つながり方」を分析して解答を決定！

設問パターン❷

空欄補充問題

Step 1 空欄を含む文の「かかり受け」に注目してヒントをゲット！
＝空欄に入るのは何を説明した語句・表現かを確認！

Step 2 「イコール関係」に注目して、解答を決定！
＝同じ内容を別の表現で述べている部分を探し、そこを空欄に重ね合わせるイメージで解答を決定！

設問パターン❸

指示語問題

Step 1 いきなり前を見ない！
＝指示語の後に続く内容からヒントをゲット！

Step 2 すぐ前↓やや前（↓それでもダメなら後ろ）の順で、
指示語の部分に代入して文意の通る部分を探す！

設問パターン❹

内容説明問題

Step 1 傍線部の中から「言い換え・説明が必要な部分」を絞り込む！
＝指示語／キーワード／抽象的・難解な表現／比喩表現に注目！

Step 2 Step 1で絞り込んだ部分ごとに、
「イコール関係」を見つけるorつくり出す！

設問パターン❺

理由説明問題

Step 1 傍線部の近くから「因果関係のサイン」を見つける！

Step 2 近くで発見できないときは、傍線部と「イコール関係」になる部分に目を移し、その近くで「因果関係のサイン」を見つける！

※因果関係のサインは、特に「目立たない・気づきにくいもの」に注意！

設問パターン❻

脱落文問題・整序問題

Step 1 指示語・接続語・キーワードをチェック！

Step 2 Step 1で注目した部分をもとに、つながりをチェック！

- 脱落文問題の場合 → ・脱落文と本文のつながり
- 整序問題の場合 → ・整序部分どうしのつながり／・整序部分と、その前後（整序が必要ない部分）とのつながり

設問パターン❼

内容一致・論旨判定問題

Step 1
選択肢の話題・内容を確認！
（＝この選択肢は「何がどうだ」と言っているのか？）

Step 2
読みながら「読解戦略」で見つけた部分を中心に、選択肢と同じ話題・内容を述べている本文中の箇所に注目し、選択肢と本文を照らし合わせて○×をチェック！
※「論旨判定」では「筆者の最も伝えたいこと」を選ぶことに注意！

EDITORIAL STAFF

・ブックデザイン……………………新田由紀子（ムーブ）

・本文キャラクターイラスト………サトウノリコ＊

・本文イラスト………………………福々ちえ

・編集協力……………………………株式会社プランディット（荻野悦子・浅野祥子）

・データ作成…………………………株式会社明昌堂

・印刷所………………………………株式会社廣済堂